弘扬企业文化
争做优秀员工

领略卓越企业文化的无限魅力，揭示优秀员工独领风骚的秘诀。

弘扬企业文化： 提升文化力、增强凝聚力、打造执行力、提高竞争力。
建设企业文化： 内化于心、固化于制、外化于形、实化于行。

刘东辉 ◎编著

实践证明，卓越企业文化：愿景鼓舞士气，精神凝聚人心，机制激励工作，环境培育人才。
爱上工作，弘扬企业文化：激发使命感，凝聚归属感，加强责任感，赋予荣誉感，实现成就感。

从意识
到行为
的培养

企业管理出版社
ENTERPRISE MANAGEMENT PUBLISHING HOUSE

图书在版编目（CIP）数据

弘扬企业文化　争做优秀员工 / 刘东辉编著. -- 北京：企业管理出版社，2016.6
ISBN 978-7-5164-1288-6

Ⅰ. ①弘… Ⅱ. ①刘… Ⅲ. ①企业文化 - 研究 Ⅳ. ①F270

中国版本图书馆 CIP 数据核字（2016）第 126010 号

书　　名：	弘扬企业文化　争做优秀员工
作　　者：	刘东辉
责任编辑：	徐金凤　田天
书　　号：	ISBN 978-7-5164-1288-6
出版发行：	企业管理出版社
地　　址：	北京市海淀区紫竹院南路 17 号　　邮编：100048
网　　址：	http：//www.emph.cn
电　　话：	总编室（010）68701719　发行部（010）68701816　编辑部（010）68701638
电子信箱：	80147@sina.com
印　　刷：	北京柯蓝博泰印务有限公司
经　　销：	新华书店
规　　格：	170 毫米 ×240 毫米　16 开本　13.25 印张　195 千字
版　　次：	2016 年 6 月第 1 版　2016 年 6 月第 1 次印刷
定　　价：	35.80 元

版权所有　翻印必究·印装有误　负责调换

前言 Foreword

  一个民族要发达、要振兴、要强大，就必须培育优秀的民族精神。一个企业要发展、要突破、要跨越，就必须培育优秀的企业文化。作为企业文化的践行者和传承者，每个员工都应该以弘扬企业文化为己任，以成为企业的优秀员工为目标。

  作为企业中的一员，我们每个员工的命运都与企业的命运息息相关。只有企业得到了更好发展，员工才能有机会获得更大的发展空间；只有企业文化得到了弘扬，员工才能够在企业精神与核心价值观的感召下不断提升自己的认识，建立健全正确的价值观，才能在工作中创造出最大的价值。而企业也会因员工的不断进步而获得不断发展的动力。只有通过企业文化这根纽带，员工与企业，才能够相互促进真正实现共同进步，才能够共同迎来更好的明天。

  贵在知，重在行。作为企业的一名员工，我们要想让弘扬企业文化的理念不只是停留在口头上，就必须具备高尚的职业操守、优秀的意志品质和正确的价值取向，兢兢业业地做好本职工作，从而在日常工作中不断彰显企业文化所蕴含的精神与核心价值。

  想要成为一名优秀员工，我们就必须知道如何在认同企业文化的过程中将弘扬企业文化作为自己的使命；要深入了解如何以实际行动践行企业的核心价值观；要懂得坚守企业道德底线、维护企业形象的方法；要通过充分发挥主人翁意识把企业的事当作自己的事；要自觉遵守企业的规章制度，成为维护企业制度文化的模范；要树立高度责任心，在工作中做到认真负责；要培养自己的团队意

弘扬企业文化　争做优秀员工

识，增强企业凝聚力；要利用创新精神为企业不断增添生命力；要发扬拼搏精神为企业、为自己拼出一个崭新的未来。

本书旨在通过向企业员工讲授实现以上目标的具体方法和技巧，帮助每个员工成为企业中优秀的一员，成为弘扬企业文化的先锋，成为企业中受人尊敬的榜样。

每个员工都应相信，只要我们通过自身不断努力扎扎实实做好本职工作，就可以让自己在日常工作中彰显企业文化的精髓，成为优秀的员工。

目录 Contents

第一章 认同企业文化，以弘扬企业文化为使命

> 每个员工的发展都有赖于企业的发展，而企业的发展则有赖于企业文化的弘扬。我们只有以弘扬企业文化为使命，才能够促进企业实现突破，才能够在工作中不断取得进步，成为优秀的员工。

1. 认同企业文化，把企业文化根植于内心 / 2
2. 以企业文化为导向确立行为准则 / 8
3. 调整目标，把企业愿景和个人愿景相结合 / 10
4. 勇于担当，企业的使命就是自己的使命 / 13
5. 以弘扬企业文化为己任 / 16

第二章 弘扬企业精神，践行企业核心价值观

> 企业的核心价值观是企业在经营过程中所推崇的基本信念和奉行的行为准则。对于每个优秀员工来说，都应自觉地以弘扬这一核心价值观为己任，在日常工作中扎实践行企业核心价值观，让企业精神在自己身上得到最好彰显。

1. 积极接受企业精神的洗礼 / 20
2. 时刻以企业精神激励自我 / 23
3. 拒绝空谈，用行动诠释企业精神 / 28
4. 自觉自律，恪守企业的价值准则 / 31
5. 将企业核心价值观融入日常工作 / 34

第三章　坚守企业道德，打造诚信、守法、感恩、廉洁的优秀企业

> 无论企业还是员工，坚守道德底线都是获得成功的基本条件。一个优秀的企业总是坚守让人钦佩的企业道德，一个优秀的员工总会以自己的实际行动来坚守企业道德、弘扬企业道德。

1. 大胜靠德，企业发展以企业道德为根基 / 38
2. 恪守诚信理念，打造企业诚信品牌 / 42
3. 营造员工遵纪守法的氛围 / 46
4. 懂得感恩，塑造感恩文化 / 48
5. 知孝行孝，奉行孝道文化 / 52
6. 杜绝腐败，倡导廉洁从业 / 58

第四章　弘扬主人翁文化，企业的事就是自己的事

> 普通的员工把工作当成企业的事，疲于应付；优秀的员工把工作当作自己的事，乐此不疲。当我们以极强的主人翁意识对待工作中的每一件事情时，我们就成了企业的主人，也成了企业的中流砥柱。

1. 争当主人，汇聚企业强大的凝聚力 / 64
2. 摆正位置，我就是企业的一分子 / 67
3. 规范自己的言行，做企业形象的"代言人" / 71
4. 积极为企业出谋划策 / 75
5. 不离不弃，与企业同舟共济 / 78
6. 兢兢业业，以卓越的态度对待每一项工作 / 82

第五章　弘扬制度文化，模范遵守企业规章制度

> 无规矩不成方圆。一个优秀的员工会将企业制度和纪律作为必须遵循的行为准则。让我们成为遵守企业规章制度的模范，让企业制度文化在我们的努力之下不断弘扬、不断发展。

1. 敬畏制度，把制度作为自己的行为准则 / 90
2. 自觉遵守制度，绝不逾越 / 93
3. 严格执行制度，人人平等，杜绝特例 / 96
4. 严于律己，从不放松自己 / 98
5. 尽己所能帮助企业完善制度 / 102

第六章　弘扬责任文化：恪尽职守，对工作中的每一件事情都认真负责

> 员工要想彰显自己的优秀本质，扎扎实实做好本职工作中的每一件事情，保持高度的责任心就是最好的途径。在自己的岗位上尽职尽责，无须其他豪言壮语，我们日常工作中的每一个扎实行动就是对企业责任文化的最好诠释。

1. 责任文化保证企业基业长青 / 106
2. 构筑责任体系，增强责任意识 / 108
3. 给自己定位，对工作负责 / 111
4. 在其位，谋其事，尽其职 / 115
5. 不找借口，多负责任 / 118
6. 勇敢担当，决不推卸责任 / 124

第七章　弘扬合作文化，树立团体意识发扬团队精神

> 一滴水只有放进大海里才永远不会干涸，一个人只有当他把自己和团队事业融合在一起，树立团队意识发扬团队精神，才能获得最大的发展，成为最优秀的员工。永远记住：合作才是当今企业发展的主题，合作才是取得成功的诀窍。

1. 团队利益永远高于个人利益 / 130
2. 最完美的永远是团队，不是个人 / 133
3. 主动合作，积极融入到团队中去 / 136
4. 善用合力，真诚合作 / 140
5. 摒弃自私，懂得分享 / 143
6. 学会和谐相处，懂得宽容 / 148

第八章　弘扬创新文化，激发创造力争当企业创意先锋

> 在创新尚属于个别员工的杰出表现时，我们循规蹈矩的生存姿态尚可为时代所容。但是，在创新已经成为企业和员工进行生存竞争不可或缺的素质时，如果依然采用循规蹈矩的生存姿态，则无异于自我溃败。优秀员工永远不会是一个"跟风者"，而唯有创新才能够让我们成为站在职场最前沿的"领航员"。

1. 融入企业创新文化，开发自己的创造力 / 154
2. 带着思想去工作，挖掘自己的智慧潜能 / 156
3. 更新观念，突破思维的局限 / 159
4. 改变方法，苦干实干更要巧干 / 164
5. 立足岗位，把自己的岗位变成创新的舞台 / 168

第九章　弘扬拼搏文化，永不懈怠成就卓越的自己

> 智者创造机会，强者把握机会，弱者等待机会。让我们以不懈的拼搏成就更卓越的自己，成为拥有大智慧的优秀员工。记住：爱拼才会赢。发扬拼搏精神，在成功的道路上永不懈怠，我们终将成就最卓越的自己。

1. 从企业文化中吸取拼搏的动力 / 174
2. 全力以赴，把工作当成事业来做 / 177
3. 全心投入，像热爱生命一样热爱工作 / 182
4. 积极进取，自动自发刻苦努力 / 186
5. 抛弃懒惰和懈怠，付出勤奋和汗水 / 191
6. 终生学习，天天进步 / 195
7. 勇往直前，不断超越 / 198

第一章

认同企业文化,以弘扬企业文化为使命

每个员工的发展都有赖于企业的发展,而企业的发展则有赖于企业文化的弘扬。我们只有以弘扬企业文化为使命,才能够促进企业实现突破,才能够在工作中不断取得进步,成为优秀的员工。

弘扬企业文化　争做优秀员工

1.

认同企业文化，把企业文化根植于内心

企业文化是一种力量，企业文化对企业兴衰将发挥越来越重要的作用，甚至是关键的作用。企业文化是企业精神活动的概括和总结，其核心是企业价值观。围绕这个核心，就产生企业精神。企业精神是企业所表现出来的总体风貌，体现出企业经营之道、企业风尚、企业员工的总体精神状态。

员工是企业文化的践行者和传播者，无论是企业文化的建设，还是最后成形的企业文化的实践，都离不开每一位普通员工的参与。只有得到广大员工认同的企业文化，在实践中才会有生命力，才能被员工"内化于心、外显于形"。因此，作为企业的一名员工，我们就必须认同企业文化，把企业文化根植于内心。

当然，认同企业文化并不是仅仅靠嘴上说"认同"这么简单，还需要我们在工作中将其付诸实际行动。而要想在行动中不断增强对企业文化的认同，不断将企业文化的核心理念根植于自己心中，我们首先就应该深化自己对企业文化的理解和认知。

企业文化是在一定的条件下，企业生产经营和管理活动中所创造的具有该企业特色的精神财富和物质形态。企业文化是企业的灵魂，是推动企业发展的不竭动力。它包含着非常丰富的内容，其核心是企业的精神和价值观。这里的价值观不是泛指企业管理中的各种文化现象，而是企业或企业中的员工在从事商品生产

第一章 认同企业文化，以弘扬企业文化为使命

与经营中所持有的价值观念。因此，在日常工作中，我们要通过深入了解和学习企业各项规章制度和经营理念、原则，通过对各种企业决策的深入洞悉，深刻体会企业所秉承的核心价值观。只有对企业文化形成全面正确的认识，我们才能真正做到认同企业文化，将企业文化铭记于心。倘若我们对企业文化核心理念的理解出现偏差，那么我们对企业文化的认同也就会产生偏差。

企业文化所包含的内容

①经营哲学

经营哲学也称企业哲学，源于对社会人文经济心理学的创新运用，是一个企业特有的从事生产经营和管理活动的方法论原则。它是指导企业发展的重要纲领。一个企业在激烈的市场竞争环境中，面临着各种矛盾和多种选择，这就要求企业有一个科学的方法论来指导，有一套科学程序来决定企业发展的方向，这就是经营哲学。例如，日本松下公司"讲求经济效益，重视生存的意志，事事谋求生存和发展"，这就是它的经营哲学。

②价值观念

所谓价值观念，是人们基于某种功利性或道义性的追求而对人们（个人、组织）本身的存在、行为和行为结果进行评价的基本观点。可以说，人生就是对价值的追求，价值观念决定着人们的行为。价值观是人们在长期的实践活动中形成的关于价值的观念体系。企业的价值观，是指企业员工对企业存在的意义、经营目的、经营宗旨的价值评价和为之追求的整体化、差异化的群体意识，是企业全体员工共同的价值准则。只有在共同的价值准则基础上才能产生企业正确的价值目标。有了正确的价值目标才会有奋力追求价值目标的行为，企业才有希望。因此，企业价值观决定着员工行为的取向，关系企业的生死存亡。只顾企业自身经济效益的价值观，就会偏离社会效益方向，不仅会损害国家和

人民的利益，还会影响企业形象；只顾眼前利益的价值观，就会急功近利，搞短期行为，使企业失去后劲，导致破产。

③企业精神

企业精神是指企业基于其特定的性质、任务、宗旨、时代要求和发展方向，经过精心培养而形成的企业成员群体的精神风貌。

企业精神要通过企业全体员工有意识的实践活动体现出来。因此，它又是企业员工观念意识和进取心理的外化。

企业精神是企业文化的核心，在整个企业文化中起着主导作用。企业精神以企业的价值观念为基础，以价值目标为动力，对企业经营哲学、管理制度、道德风尚、团体意识和企业形象起着决定性的作用。可以说，企业精神是企业的灵魂。

企业精神通常用一些既富于哲理，又简洁明快的语言予以表达，便于员工铭记在心，时刻用于激励自己；也便于对外宣传，容易在人们脑海里形成印象，从而在社会上形成个性鲜明的企业形象。如王府井百货大楼的"一团火"精神，就是用大楼人的光和热去照亮、温暖每一颗心，其实质就是乐于奉献；西单商场的"求实、奋进"精神，体现其以求实为核心的价值观念和真诚守信、开拓奋进的经营作风。

④企业道德

企业道德是指调整该企业与其他企业之间、企业与顾客之间、企业内部员工之间关系的行为规范的总和。它是从伦理关系的角度，以善与恶、公与私、荣与辱、诚实与虚伪等道德范畴为标准来评价和规范企业。

企业道德与法律规范和制度规范不同，不具有法律和制度的强制性和约束力，但具有积极的示范效应和强烈的感染力，被人们认可和接受后具有自我约束的力量。因此，它具有更广泛的适应性，是约束企业和员工行为的重要手段。中国老字号"同仁堂"药店之所以三百多年长盛不衰，在于它把中华民族优秀的传统美德融于企业的生产经营活动之中，形成了具有行业特色的职业道德，即"济世养身、精益求精、童叟无欺、一视同仁"。

⑤团体意识

团体即组织，团体意识是指组织成员的集体观念。团体意识是企业内部凝聚力形成的重要心理因素。企业团体意识的形成使企业的每个员工把自己的工作和行为都看成是实现企业目标的一个组成部分，使他们对自己作为企业的成员而感到自豪，对企业的成就产生荣誉感，从而把企业看成是自己利益的共同体和归属。因此，他们就会为实现企业的目标而努力奋斗，自觉地克服那些与实现企业目标不一致的行为。

⑥企业形象

企业形象是企业通过外部特征和经营实力表现出来的，被消费者和公众所认同的企业总体印象。由外部特征表现出来的企业的形象称表层形象，如招牌、门面、徽标、广告、商标、服饰、营业环境等，这些都给人以直观的感觉，容易形成印象；通过经营实力表现出来的形象称深层形象，它是企业内部要素的集中体现，如人员素质、生产经营能力、管理水平、资本实力、产品质量等。表层形象是以深层形象为基础，没有深层形象这个基础，表层形象就是虚假的，也不能长久地保持。流通企业由于主要是经营商品和提供服务，与顾客接触较多，所以表层形象显得格外重要，但这绝不是说深层形象可以放在次要的位置。北京西单商场以"诚实待人、诚心感人、诚信送人、诚恳让人"来树立全心全意为顾客服务的企业形象，而这种服务是建立在优美的购物环境、可靠的商品质量、合理的价格基础上的，即以强大的物质基础和经营实力作为优质服务的保证，达到表层形象和深层形象的结合，赢得了广大顾客的信任。

企业形象还包括企业形象的视觉识别系统，比如VIS系统，是企业对外宣传的视觉标志，是社会对这个企业的视觉认知的导入渠道之一，也是该企业是否进入现代化管理的标志内容。

⑦企业制度

企业制度是在生产经营实践活动中所形成的，对人的行为带有强制性，并能保障一定权利的各种规定。企业制度作为员工行为规范的模式，使个人的活动得以合理进行，内外人际关系得以协调，员工的共同利益受到保护，从而将员工有序地组织起来为实现企业目标而努力。

⑧文化结构

企业文化结构是指企业文化系统内各要素之间的时空顺序，主次地位与结合方式，企业文化结构就是企业文化的构成、形式、层次、内容、类型等的比例关系和位置关系。它表明各个要素如何连接，形成企业文化的整体模式，即企业物质文化、企业行为文化、企业制度文化、企业精神文化形态之间的相互关联和相互影响。

⑨企业使命

所谓企业使命是指企业在社会经济发展中所应担当的角色和责任。是指企业的根本性质和存在的理由，说明企业的经营领域、经营思想，为企业目标的确立与战略的制定提供依据。企业使命要说明企业在全社会经济领域中所经营的活动范围和层次，具体地表述企业在社会经济活动中的身份或角色。它包括的内容为企业的经营哲学，企业的宗旨和企业的形象。

其次，当我们已经对自己的企业文化有着正确、深入的理解以后，我们就必须在日常工作中以企业文化作为框架，让自己在工作中的决策和选择符合企业文化核心价值观的需要，用企业文化来指导自己工作中的一言一行，这是对企业文化认同的最重要一步。企业文化作为一种象征企业精神和内涵的力量，只有被员工付诸实践，才能够真正具有意义。在很多企业都有着这样的现象：员工虽然嘴上口口声声说自己对企业文化有着认同感，但在行为上却又处处与企业文化所弘扬的核心理念相悖。这种"认同"的方式实际上就已经徒有其表，这种员工也不可能真正做到将企业文化根植于心。因此，员工唯有在一言一行上都严格以企业文化的大框架作为指导，才能够真正表现出对企业文化的认同，在一次次工作实践活动中强化对企业文化的认知，将企业文化深深植入自己的心中。

另外，想要进一步增强我们对企业文化的认同感，将企业文化内化于心，还需要我们以极大的热情投入到对企业文化的建设和宣传活动中去。对一种文化最大的认同，莫过于发自内心地去宣扬这种文化。试想，倘若我们都不愿意付出努力去宣扬企业文化，又怎能说我们认同企业文化呢？同时，在我们以真心投入到企业文化的建设和宣传活动中去时，我们就会逐渐在心中萌生出对企业文化更深的感情，产生对企业深深的热爱。有了这种情感，我们自然而然就能够巩固心中对企业文化的认同感，并在工作中让企业文化日益深入我们的内心。

对于每个员工来说，只有企业有更好的发展，有更加光明的未来，员工才能够通过企业站在更大的平台之上，才能够获得更长远的利益。企业文化对于一个企业和企业中每个员工的作用可能远比我们想象的重要。正是有了企业文化，企业才有了使命感。企业使命感是全体员工工作的目标和方向，是企业不断发展或前进的动力之源；正是有了企业文化，企业才能够通过企业价值观的提炼和传播，让一群来自不同地方的人共同追求同一个梦想，企业才有了更强的凝聚力，员工也才能有更深的归属感；正是有了企业文化，企业中的每一位员工才有了更强的责任心，通过企业文化的传播，给企业中的每个人灌输责任意识、危机意识和团队意识，让每个人清楚地认识企业是全体员工共同的企业；也正是有了企业文化，每个岗位上的员工才能够被积极的思想所感染，在自己的工作岗位、工作领域，多做贡献、多出成绩、多追求荣誉感。

因此，对于企业文化的认同，不仅仅关系着企业的发展，也关系着我们每个身在企业的员工的发展。只有不断增强对企业文化的认同，将企业文化"内化于心，外显于形"，企业和我们才能够共同迎来光明的未来。

弘扬企业文化　争做优秀员工

2.

以企业文化为导向确立行为准则

前面我们已经说到了，要想真正将企业文化植根于心，我们就必须接受企业核心价值观对我们工作行为的规范和指引作用。要让我们的行为能够符合企业文化的需要，就需要我们以企业文化为导向，给自己确立相应的行为准则，并依照这一准则来规范自己的行为。

无论是企业还是个人，其精神、理念终究都是要通过行为来体现，其行为终究是通过规范来指引和约束。之所以说我们要以企业文化为导向确立自身行为准则，是由于企业文化不仅能反映出企业的生产经营特色、组织特色和管理特色，更能反映出企业在生产经营活动中的战略目标、群体意识、价值观念和行为规范。因此，只有符合企业文化核心价值观的行为准则，才能够让我们的行为符合企业的需要，符合我们在企业中自身不断发展的需要，才是有助于企业和我们自身都不断进步的科学行为标准。为了制定科学的行为标准，我们应做好三方面的工作。

（1）我们在制定行为准则时，要将自身价值观与企业文化所宣扬的核心价值观进行统一。

在我们给自己确立行为准则的过程中，必须高度重视我们自身的价值观所起的影响作用。例如，如果在我们的价值观中，认为为企业无私奉献是应尽的职责，那么我们在确立行为准则时就会以大公无私、不过分计较个人得失、将集体

第一章 认同企业文化，以弘扬企业文化为使命

利益放在第一位来要求自己；相反，如果我们怀有自私自利、认为自己利益高于一切的价值观，我们自然在行为准则中就会让自己在工作中的行为首先要满足自身利益。因此，我们在为自己确立行为准则时，首先就要考量我们的自身价值观是否与企业文化所宣扬的理念相一致。倘若我们的价值观与企业的核心价值观相悖，那么我们就必须对自我的价值观进行调整。否则，我们确立的行为准则就很难符合企业文化的需要。只有我们不断调整自身价值观，让它与企业文化核心价值观所倡导的理念无限接近，我们才能制定出符合企业文化发展需要的科学行为准则。

（2）我们在依照行为准则进行实践活动时，要不断将实践结果与企业文化所传达的企业精神相比照，从而不断调整、优化我们的行为准则，使之更符合企业文化核心价值观的需要。

我们要知道，一个科学的行为准则并非一下子就能制定出来，它往往需要经过实践的不断检验，经过无数次的调整、修正，才能够形成一套科学、有实践意义的准则。因此，我们必须在工作中通过对实践效果的总结，与企业文化所宣扬的精神进行比对，找到其中的差距和不足，进而不断优化我们的行为准则。只有这样，才能够让我们的行为准则不断向企业文化所倡导的精神靠拢，最终让它与企业文化核心价值观一脉相承，从而确保我们的日常工作行为不偏离正确的轨道。

（3）在制定行为准则时，我们不但要秉承企业文化所传达的精神，更应当将这种精神发扬光大，甚至通过我们自身的行为弥补企业文化中的不足之处，为推动企业文化的完善贡献自己的一份力量。

要知道，企业文化与我们员工本身一样，都有一个发展和完善的过程，在这一过程中也都会存在不足和缺憾。因此，当我们以企业文化作为导向制定自己的行为准则时，应该以更高的标准要求自己，从而对企业文化的发展产生积极的推动作用。例如，企业文化要求每一个员工都要保质保量完成本职工作，而我们为自己制定行为准则的时候完全可以以这样的标准作为基础，要求自己在完成自身工作的同时对同事施以援手，或是主动承担一些分外的工作。这样，我们能够在

以企业文化作为行为标准导向的同时,进一步地发扬比企业文化更高的职业精神,而这种精神就会反过来推动企业文化的进步和发展,形成良性循环,推动企业和我们自身共同进步。

不管企业文化所弘扬的精神如何先进,都有待我们员工以实际行动将它落实到工作实践中。只有这样,才能够真正对企业发展起到巨大作用。因此,员工唯有以企业文化为导向和依托,为自己制定相应的行为准则,才能够在工作实践中弘扬企业文化,推动企业文化不断发展,让我们和企业都能够在这种文化的影响下实现长足的发展。

3.

调整目标,把企业愿景和个人愿景相结合

企业文化在一定程度上能够体现企业的整体目标,而企业文化所弘扬的核心思想也正是为了实现这一目标而服务。员工当然也都有着自己的个人职业目标和人生目标,而且我们每个人都会为实现自己的个人目标不懈努力和奋斗。

在实现个人目标的过程中,我们难免会遇到实现个人目标与企业发展需要产生分歧的情况,一旦发生这样的情况,我们就很难做到在企业文化的指引下规范自己的行为而让自己的行为首先符合企业文化核心理念的需要,进而不但会使我们在实现个人目标的过程中遇到巨大阻碍,甚至会影响企业实现整体目标的计划。正因如此,我们唯有对个人目标进行调整,把个人愿景与企业愿景有机结合,才能够让我们在实现企业目标的同时也能实现个人目标,让每个员工在实现

第一章 认同企业文化，以弘扬企业文化为使命

个人目标的过程中更加顺利。

当然，所谓调整目标，将企业愿景和个人愿景相结合，并不是说让我们完全放弃个人目标。如果我们为了实现企业目标而完全放弃自己的奋斗目标，那么不但不能让我们以更加努力的姿态去推动企业目标的实现，相反还会让我们产生抵触情绪。调整个人目标并不意味着我们就必须放弃自己的目标，其实只要通过科学、恰当、适度的调整，我们就能够在实现企业愿景的同时，也让自己的职业和人生愿景得以成为现实。以下就是调整这一目标的具体途径。

（1）在企业愿景和个人愿景之间找到共同点和联系，并强化对"共同愿景"的认知。

对于我们每个身在企业的员工来说，个人愿景或多或少都会与企业愿景相关联，否则我们不会选择走进这个企业。有时候我们认为个人愿景和企业愿景很难达成"同步"，主要还是因为我们没有找到它们之间的联系和共同点。只要找到了这种联系和共同点，通过科学的目标调整策略，我们就完全能够实现个人愿景和企业愿景的"同步"。例如，我们的个人愿景是希望能够获得更丰厚的收入来提升自己的生活水平，而企业的愿景是希望企业能够获得更大利润得到更好发展。在实际工作中实现个人利益和满足企业利益之间有着显而易见的冲突，但换一个角度去想就能找到其中的联系和共同点。即企业的利润得以大幅度增加，意味着我们员工创造了更大价值可以获得更丰厚回报。有了这种认识，我们就会更加热情主动地为企业创造利润，因为我们已经意识到企业的利益与我们个人的利益息息相关。

（2）在制订个人职业发展计划时要以企业愿景作为参考和依托。

每个员工为了实现自己的职业目标，都会对自己的职业生涯进行规划，制订相应的发展计划，而这一计划将直接影响到我们在工作中的行为和面对抉择时的判断。因此，要想让个人愿景与企业愿景有机结合，我们就需要在调整目标的同时，制订一个既符合我们个人愿景又符合企业愿景的职业发展计划。例如，有些人在制订职业发展计划时，可能只是片面地考虑到了自身的发展，而忽视了企业

弘扬企业文化　争做优秀员工

愿景的需要，因此频繁跳槽，只盯着眼前的报酬。然而以这种完全忽视企业愿景的职业规划作为指导，往往很难让我们达到预期的目的。相反，有些人在制订职业计划时将个人愿景与企业愿景相结合，在寻求个人职业发展时不忘企业的给予，积极回馈企业，以先实现企业目标、进而实现个人目标为指导思想，通常都能够获得与期望相近甚至远远超出期望的结果。

有一位本领高超的木匠，因为年事已高就要退休了。他告诉老板，他想离开建筑业，然后和妻子儿女享受一下轻松自在的生活。老板实在是有点舍不得这样好的木匠离去，所以希望他能在离开前再盖一栋具有个人品位的房子。

木匠欣然答应了，不过令人遗憾的是，这一次他并没有很用心，因为他觉得自己已经要享受天伦之乐了，又何苦为了老板的利益而去努力？他草草地用劣质的材料就把这间屋子盖好了。其实，用这种方式来结束他的事业生涯，实在是有点不妥。

房子落成时，老板来了，顺便看了看，然后把大门的钥匙交给这个木匠说："这就是你的房子了，是我送给你的一个礼物！"

木匠实在是太惊讶了！当然也非常后悔。因为如果他知道这栋房子是老板送给他的礼物，他一定会用最好的木材，用最精致的工艺来把它盖好。

其实对于我们每个企业中的员工亦是如此，倘若我们不能将个人愿景与企业愿景相结合，为了个人利益而做出与企业文化核心精神相违背的事情，会导致我们自己不想看到的结局。

（3）以企业文化核心理念为指导调整个人目标，矫正个人愿景中的偏差。

一般来说，我们企业文化中所宣传、弘扬的精神，往往是被整个社会所认可的，也是符合基本道德要求的。因此，倘若我们的个人愿景与企业文化核心理念所宣扬的精神产生较大分歧，那么很有可能是由于我们的个人愿景存在偏差，甚至是十分严重的错误。例如，企业文化向我们传达着互相帮助的精神，而我们的个人愿景只是希望自己得到足够的利益，根本不理睬他人的得失，甚至为了获得眼前的利益可以牺牲他人的利益。在这里，个人愿景确实是与企业文化的理念相悖的。究其原因，是因为这种个人愿景违反了做人的基本道德和底线。因此，我们不妨用企业文化的核心理念作为衡量我们个人愿景或实现个人愿景的途径是否恰当的标准。这样不但能够修正我们在制定目标或实现目标过程中产生的偏差，也能够让我们的个人愿景和企业愿景有机结合在一起，让我们在实现企业、个人共同愿景的道路上越走越光明。

对于我们每个员工来说，顺应企业文化的核心理念是我们谋求自身发展的先决条件之一，因为只有我们依托更加强大的企业作为发展的平台，我们才能够拥有更广阔的前景。可以说，只有企业的愿景有希望得以实现，身在企业旗下的员工的个人愿景才有实现的可能。因此，员工应当以企业文化的核心理念作为指导，适时调整自己的目标，把个人愿景与企业愿景有机结合，为我们的职业生涯选择一条正途，让我们尽早登上事业的顶峰。

4.

勇于担当，企业的使命就是自己的使命

当我们每个人想要实现自己的个人目标时，我们都会为之不断努力奋斗，克服一个又一个的困难，通过一次次履行自己的人生使命，让自己越来越接近目

标。企业若想实现企业目标，同样也需要员工不断奋斗进取，突破重重困难，完成企业所肩负的使命，方能获得发展。

企业是由员工所组成，因此企业使命当然也就需要员工来完成。有些人可能会认为，企业的使命与自己并不相关，自己只需要完成自己的人生使命，实现自身的个人目标就足矣。殊不知，实际上企业使命是我们每个员工的个人使命的组成部分。我们每个人都在自己的人生中扮演着多重角色，而这些角色赋予了我们不同的使命，我们只有将这些使命一一完成，才算得上完成了自己全部的个人使命。因此，我们唯有勇于担当，肩负企业赋予我们的使命，才能够让自己的个人使命得以完成，让我们的人生更加完整，让我们自身得到更长足的发展。

可能有人会问，我们如何知道自己是否肩负起了企业的使命，如何才能够将企业的使命更好地完成呢？这就需要我们从企业文化所传达的企业精神中获取。每个企业都会通过企业文化来传达企业赋予员工的使命，例如企业要以服务广大客户作为第一要务，企业要以科技创新作为首要目标等。在这些企业文化所宣传的精神中，我们就能够了解作为企业中的一名员工，需要肩负起怎样的企业使命。

当然，仅仅知道自己肩负的企业使命是远远不够的，我们还必须勇于承担这份使命，把它当作自己的个人使命来努力完成，只有这样我们才能够让企业获得成长和发展的空间，也才能够让我们自身通过完成企业使命来获得提升和历练，展现自身价值，更好地完成我们的个人使命。

要想把企业使命当作个人使命来完成，员工必须从以下三个方面着手。

首先，我们应该认同企业文化所传达的企业使命，并愿意为之付出自己的努力。任何一个员工，在做一件事情时都需要有足够的动力，而认同感则是我们产生这种动力的基础。倘若我们做不到对企业使命的认同，那么又怎么会心甘情愿地为之付出努力呢？因此，我们首先要正视企业的使命，对企业的使命有正确的认识，认识到促进企业实现使命的重要性和长远意义，只有这样我们才能够以对企业使命的认同感来激发自身的潜能，为完成企业使命而尽自己的一份力。

第一章　认同企业文化，以弘扬企业文化为使命

其次，我们要了解自己需要通过哪些途径来完成企业的使命。企业使命是企业生产经营的哲学定位，也就是经营观念。它为企业确立了经营的基本指导思想、原则、方向、哲学等；它不是企业具体的战略目标，或者是抽象的存在；它不一定表述为文字，但直接影响企业的决策和思维。因此，想要更好地完成企业的使命，我们就需要在工作中秉承企业的经营观念，保持与企业精神一致的价值观，努力维护企业的形象。例如，当我们在进行一项工作时，我们就必须考量自己的工作方式和决策是否符合企业的经营观念，我们对于工作过程和结果的看法是否与企业精神保持一致，我们的行为是否在维护企业的基本形象等。只有这些方面都与企业文化所传达的精神保持一致，我们才能够说自己肩负起了企业的使命，并通过自己的行动努力完成它。

世界优秀企业所宣扬的企业使命

迪士尼公司——使人们过得快活。

荷兰银行——通过长期的往来关系，为选定的客户层提供投资理财方面的金融服务，进而使荷兰银行成为股东最乐意投资的标的及员工最佳的生涯发展场所。

微软公司——致力于提供使工作、学习、生活更加方便、丰富的个人电脑软件。

索尼公司——体验发展技术造福大众的快乐。

惠普公司——为人类的幸福和发展做出技术贡献。

耐克公司——体验竞争、获胜和击败对手的感觉。

沃尔玛公司——给普通百姓提供机会，使他们能与富人一样买到同样的东西。

IBM公司——无论是一小步，还是一大步，都要带动人类的进步。

麦肯锡公司——帮助杰出的公司和政府更为成功。

华为公司——聚焦客户关注的挑战和压力，提供有竞争力的通信解

决方案和服务,持续为客户创造最大价值。

联想电脑公司——为客户利益而努力创新。

万科——建筑无限生活。

最后,我们必须时刻保持勇于担当的责任心。只有时刻保持对企业高度负责的心态,我们才能让自己的工作不仅仅是为了养家糊口,更是为了实现企业使命,让企业使命与个人使命达成一致,让两种使命同时得以更好完成。当然,责任心和使命感并非一朝一夕就能养成,这需要我们以企业文化的核心精神作为指导,在日常工作中时刻提醒自己是否遵循了企业文化所宣扬的理念和规则,是否切实将企业文化核心理念落实到工作中的一言一行当中。只有通过在工作中的一件件小事上提醒自己、约束自己,我们才能够形成高度的责任心和使命感,才能够在履行企业使命的同时让企业文化也得到弘扬。

5.

以弘扬企业文化为己任

通过前面的叙述,相信每个员工都已经意识到了弘扬企业文化对一个企业和企业中每个员工所产生的重大意义。那么,为了企业和我们自身的发展,我们每个员工更应该将传播和弘扬企业文化作为己任,为企业文化的发展和繁荣贡献自己的力量。

作为一种文化,企业文化想要得到更好的发展,它需要依靠更广的传播范

第一章　认同企业文化，以弘扬企业文化为使命

围，更有效的传播途径以及更多人的认同，同时还需要汲取更多的意见和建议。因此，它的发展不能仅仅依靠企业本身的建设和宣传，更需要依靠广大员工的参与和建设。只有我们每个员工都把弘扬企业文化视为己任，我们的企业文化才能有更广的传播空间、更快的传播速度和更多样的传播途径，同样也才能够得到更多人的认可，从更多的员工那里获得启发和建议，不断进行完善。

作为企业中的一员，虽然我们单凭一己之力不足以让企业文化得到更好发展，但是我们却可以从自身做起，贡献自己的一份力量。倘若每一个员工都能够对企业文化的弘扬肩负起自己的一份责任，那么我们的企业文化自然能够获得更好更快的成长。

要想做到将弘扬企业文化视为己任，员工必须从以下三个方面着手。

首先，必须在心中树立起"主人翁"意识，把建设企业文化当作自己分内的工作。有些员工可能曾经对于企业文化没有全面的认识，认为企业文化建设是企业的事情，于是摆出"事不关己高高挂起"的姿态，没有主动参与到企业文化建设活动中去。既然我们已经知道了企业文化的弘扬与企业中每个员工的命运都息息相关，我们就应该及时拿出"主人翁"意识，将企业文化建设与我们的岗位工作等而视之，积极参与到弘扬企业文化的活动中，肩负起建设企业文化的责任，像完成其他工作一样努力将这项工作做到最好。我们必须时刻提醒自己，仅仅依靠企业管理层对企业文化进行建设和宣传是远远不够的，要想让企业获得更长足的发展，让自身有更广阔的发展空间，员工就必须肩负起弘扬企业文化的使命，为弘扬企业文化贡献自己最大的力量。

其次，要想通过我们自己的实际行动达到弘扬企业文化的目的，我们还必须让自己在工作中的思想和言行始终与企业文化的核心理念相一致。弘扬企业文化并不仅仅是让我们将企业的理念挂在嘴上去宣传，更要求我们以实际行动去体现。因此，我们必须在多个方面通过行动展现出自己与企业文化的核心理念保持一致。一是调整自己在工作中的价值观，与企业核心价值观保持统一；二是坚守企业文化中需要我们所恪守的企业道德标准；三是严格执行企业文化所宣扬的企

业制度；四是发扬光大企业文化所传达的责任心与使命感；五是以实际行动展现企业文化中所弘扬的优秀品质。只有用行动去体现企业文化的核心理念，我们的企业文化才能够得到更深远的传播，让每个人都对企业文化的核心理念深信不疑。

最后，我们还应该全身心参与到传播和弘扬企业文化的各项活动中去。通常，企业为了在员工之间宣传和弘扬企业文化，都会定期或不定期举办一些关于宣传企业文化的活动。例如，开展企业文化座谈会，设立企业文化宣传月，开展员工集体拓展活动等。作为员工，我们应当切身参与到这些活动中，而不是对这些活动敬而远之。只有切身参与到企业文化的宣传活动中，我们才能够对企业文化有更深刻的理解，才能够感受到企业文化传播的过程，从而让我们对如何弘扬企业文化有更丰富的切身体验，也能够产生更新颖、更丰富的关于企业文化发展的新想法。

企业文化就好像企业的灵魂，只有企业文化得到弘扬和发展，企业才可能有更长足的发展，身在企业的员工也才能够得到更广阔的发展空间。因此，每个员工都应该将弘扬企业文化视为己任，这关乎着企业也关乎着我们自身的未来。让企业文化通过每个员工的践行不断得到弘扬与发展，让我们高举着企业文化的精神大旗与企业一起迈向更美好的明天。

第二章

弘扬企业精神，践行企业核心价值观

　　企业的核心价值观是企业在经营过程中所推崇的基本信念和奉行的行为准则。对于每个优秀员工来说，都应自觉地以弘扬这一核心价值观为己任，在日常工作中扎实践行企业核心价值观，让企业精神在自己身上得到最好彰显。

弘扬企业文化　争做优秀员工

1.
积极接受企业精神的洗礼

企业管理界有这样一个说法：文化差距决定管理差距，管理差距决定企业差距。每个身在企业中的员工肯定都希望自己的企业能够在业内处于领先地位，这样自己才能够获得更好的发展，因此自然也就应该努力弘扬企业文化。说到弘扬企业文化，我们首先需要关注的就是弘扬企业精神，因为企业精神可以说是企业文化的"根"，它代表着企业的核心价值观，一切其他企业理念和文化都是建立在核心价值观的基础上。

作为员工，要想让企业精神得以弘扬，我们必须主动去接受企业精神的洗礼，让企业精神成为我们的工作精神，进而与个人价值观相统一。只有这样我们才能够在这种与企业核心价值观一脉相承的个人价值观指导下，通过努力践行让企业精神得以不断发展和弘扬。主动接受企业精神的洗礼可以从以下四个方面着手。

（1）主动接受企业文化培训，全身心投入到企业文化学习中去。

企业精神洗礼，主要的形式就是企业文化培训。企业通过进行企业文化培训的方式，将企业精神传达和深入贯彻给员工，从而指导员工进行价值观的转变，并且在工作实践中践行这种价值观。作为员工，我们应当积极、主动参与到企业文化培训活动中去，而不是被动、消极地去接受这种文化培训。很多员工在接受

第二章 弘扬企业精神，践行企业核心价值观

企业文化培训时，认为这是多此一举，或是企业为了"走个形式"而进行的活动，因此往往在学习过程中难以集中精力，自然也很难受到企业精神的感染。员工只有积极主动地参与到企业文化培训中，才能够切身体会到企业精神的核心内容。同时，通过在学习中发挥自己的主观能动性，获得对企业精神更全面更正确的认知。

其实企业文化的学习过程与我们对专业技能和知识的学习一样，只有全身心地投入，认真完成学习的每一个必经环节，我们才能够在企业精神的洗礼中真正获得蜕变，得到成长，才能在今后的工作中以与企业核心价值观相一致的认知和价值理念指导自己的行为，从而让企业精神在我们身上得到体现和弘扬。

（2）将企业文化培训与身边成功的实践案例相结合，得出最有效的行动指导方略。

任何理论和知识只有与实践相结合，才能够具有真正的意义，企业文化也不例外。我们在企业文化培训中所接触的企业精神说到底还是理论上的，只有我们将这种精神与实践进行结合，才能够真正让企业精神发挥最大的意义。不过在结合的过程中，如果我们无经验可循，很有可能会因为时机或方法不恰当，让我们误以为企业精神传达给我们的核心价值观有误，并不能更好地在工作实践方面对我们进行指导。因此，我们不妨将企业文化培训中所获得的对企业精神和核心价值观的认识与身边成功的实践案例相结合，通过使用已经经过实践检验的方法，大大降低两者结合实践时的难度，让我们更快、更好地将企业精神付诸实践行动。

（3）将企业文化培训与岗位实际工作相结合，让企业精神对工作实践更具指导性。

当我们积极参与到企业文化培训中以后，我们除了要在精神上得到洗礼，重新树立与企业核心价值观相一致的个人价值观外，肯定也希望企业精神能够直接指导我们的工作实践活动，让我们获得更优异的工作成果。这就需要我们将企业

精神这种相对抽象的概念具象化，使之成为为我们员工个人量身定做的指导方略。想要做到这一点，就需要我们将在企业文化培训中获取的企业精神与我们岗位的实际工作相结合。例如，我们在企业文化培训中学习了企业要以开拓创新为己任的企业精神，我们就需要把这种精神落实到我们的岗位工作中去，研究如何才能够在自己的工作实践中去开拓创新，进而作为我们工作实践的指导方略。只有这样，我们在企业文化培训中学习的抽象概念，才能更具灵活性和实用性，才能帮助我们应对各种不同的工作问题，让我们不断获得进步。

（4）在接受企业文化培训后，要及时进行总结。

就像我们学习职业技能知识一样，企业文化培训中所获得的企业精神同样需要我们的总结和归纳才能够在我们的脑海中形成足够深刻的印象。如果我们仅仅是在培训过程中学习企业精神，但并没有对其进行总结和提炼，那么很可能就会在工作中将其抛之脑后。因此，我们必须对企业文化培训中获得的企业精神进行一定整合和加工，以便我们简明扼要地抓住重点，这样我们在工作实践中才能够更得心应手地对其进行运用，让企业精神通过我们的行动得到发扬和传播。

接受企业精神的洗礼是我们贯彻企业核心价值观，弘扬企业精神所要迈出的第一步。这第一步是否迈得坚实对弘扬企业精神的实践活动至关重要。虽然说通过企业文化培训我们能够接受企业精神的洗礼，但是这一过程绝非被动，而是需要我们积极主动进行，同时通过发挥主观能动性将精神的洗礼转化为科学、有实践意义的指导方略，从而指导我们的日常工作，让我们得到进步，也让企业文化和企业精神在我们的工作行为中得到弘扬和发展。

2.

时刻以企业精神激励自我

如前所述,弘扬企业精神无论对于员工还是对于企业都有着重要意义。然而,这一过程并非一蹴而就,反而是漫长甚至困难重重的。因此在这一过程中,我们就亟需一种力量帮助我们始终坚持下去。既然我们已经经历了企业精神的洗礼,那么企业精神给予我们的企业核心价值观就正是这种力量的源泉。

当我们在工作中取得一些成就时,往往能够得到来自企业的物质激励,例如收获奖金或是提升职位、工资。有些时候我们之所以能够有更强的动力去坚持在工作中取得更优异的成绩,也是因为这些物质奖励的鼓舞。其实除了物质奖励,我们同样也可以通过以企业精神激励自己的方法,让自己在工作中获得更大动力。

相对于物质激励,精神激励的影响更为持久深远,一是它可以满足我们深层次的需要。根据马斯洛的需要理论、ERG 理论、期望理论等,在基本的生理、安全上的需要得到满足之后,我们更关注尊重、自我实现、成就等方面的精神需要,精神激励能够满足这些需要。二是精神激励带来的满足感、成就感和荣誉感,会使我们产生深刻的认同感,自觉地与企业同甘苦共命运,与企业精神所代表的企业核心价值观保持一致。三是有效的精神激励能够在我们和其他员工之间形成具有企业特色的组织道德和组织风气,塑造积极向上的企业文化氛围,进而潜移默化地推动我们每一个员工做出自我约束、自我激励的行为。

(1) 通过让自身行为与企业精神相契合获得自我认可。

在我们工作的时候，可能总会在心中对自己发问："我的工作究竟做得怎么样？"尤其面对较为困难的工作，我们更有可能怀疑自己是否能够做好，能够符合企业需要。此时，我们就可以以企业精神作为指导，尽量让自己的行为符合企业核心价值观的需要，当我们把自己的工作与企业核心价值观进行比对时，就会产生较高的契合度，自然也就会对自己的工作能力充满自信，获得自我认可。这种"认可"激励成功使用的时候，我们的精神面貌、积极主动性往往得到最大程度的提升。当一个战士在战场上实现自我认可，就能成为勇往直前的勇士；当一个科学家实现自我认可，就能获得天马行空的想象力，不断发明创新；当一名普普通通的员工实现自我认可，可以让他的工作态度和工作能力大大提升。这就是"认可"的力量，认为自己行，自己就一定行。

(2) 通过企业精神唤醒自己的主人翁意识。

一提到主人翁精神，我们脑海里涌现出的代表人物往往是王进喜、雷锋、焦裕禄、石传祥……这些改革开放之前的劳模和英雄，他们无私奉献、不计得失、任劳任怨的精神曾经影响了一大批人。任何一个员工在工作中所表现出的强大的力量往往与主人翁精神息息相关。然而，在追求个人价值的观念盛行的今天，主人翁精神的奉献行为，在许多员工眼里已经变得无法理解。因此，我们必须以企业精神中所宣扬的价值观来唤醒自己的主人翁意识，让我们对待工作尽职尽责，积极主动。比如，当我们遇到困难的工作想要逃避时，我们可以想想自己的行为是否符合企业精神给予我们的指引；当我们无法保持端正的工作态度时，我们可以想想自己是否有违企业精神给我们的嘱托；当我们想要为一己私利而寻求"捷径"时，我们可以在心中提醒自己，我们是否已经与企业精神传达给我们的价值观背道而驰。当我们不断以企业精神唤醒自己的主人翁意识时，我们就能够实现自我激励，把自己当作企业的主人，心甘情愿去付出，当然最终我们也会在这种激励下收获丰厚的回报。

第二章 弘扬企业精神，践行企业核心价值观

小郭原来是公司的一名普通职员，在总裁办公室负责一些杂事。当公司出现一些临时事情时，其他人都推来推去，生怕责任落在自己身上。而小郭却总是主动揽过来，很快就处理完了。从此，同事觉得小郭很好指使，就经常把自己的一些事交给他做。小郭从来不推脱，总是尽心尽力地完成，当然经常搭进一些休息时间。不过他并没有因此而感到不值，反而经常用老板在开会时宣扬的企业精神"哪怕再小的工作也要做出成果"来激励自己，让自己以最好的态度完成每一件工作。

随着事情的增多，小郭受到的锻炼也越来越多，能力也越来越强。总裁看在眼里，打内心里喜欢小郭。于是，经常给他派一些更重要的工作做。

后来，公司要到一个岛上开发皮鞋市场，先派了两个营销员去考察。上岸后他们看到的是同一个现象：岛上所有居民都打赤脚。但是，回来后他们向老板汇报的情况却不同。一个说："这里没有市场，因为岛上的居民都不穿鞋。"另一个则说："这里市场太大了，因为岛上的居民都没穿鞋。"

两个信息到底参考哪一个？为了稳妥，老板又派了第三个营销员，就是小郭。上岸后，小郭看到的也是所有居民都打赤脚，认为前两个营销员汇报的情况确实属实，一时也不明白老板为何还要派他来。但是，他没有因此就糊弄了事急于汇报，而是继续激励自己，要把这次调查工作作出成果，而非仅仅向老板汇报。于是他做了一个具体的市场开发策划方案，报给总裁后，很快得到了批准。小郭也被授权全权负责这个市场的开发。那么，他是如何进行市场策划的呢？

首先，他大量调查和走访居民，问他们为什么不穿鞋。所有人都回答："鞋是什么东西？你们为什么要穿鞋？我们老爷爷都没有穿过鞋。"于是小郭认识到，不穿鞋在这个岛上已经是一种文化。要开发皮鞋市

弘扬企业文化　争做优秀员工

场，必须培养新的穿鞋文化。

接下来，他拿了一把尺子，去测量当地居民脚的尺寸，好让设计人员重新设计鞋样。因为，他分析，原来的鞋样是为常年穿鞋的人设计的，这个岛上的居民常年不穿鞋，脚趾都是散开的，因此，必须重新设计。

当设计工作完成后，小郭在岛的中心广场建了一个特大型的雕塑，雕塑形象是典型的土著居民的形象，穿的服装也都是岛上的民族服装，肩上扛了一大筐岛上特有的水果，脚上却穿了一双皮鞋。皮鞋又精致、又漂亮。在雕塑的旁边，有一个大型橱窗，里面贴上了各种皮鞋的照片，每个照片下面，详细用岛上通用的文字介绍了穿鞋的好处。

穿皮鞋的雕像引起了岛上居民的极大关注，很快皮鞋成为他们茶余饭后的谈资。

此后，小郭在广场旁边租了一间房，开了个易货贸易商店，允许用水果换皮鞋。很多人虽然觉得穿不穿都行，但是，看到两筐水果就可以换得一双皮鞋，而水果在岛上有的是，于是纷纷换鞋试穿，还真的找到点儿不同的感觉，一些人就开始了穿鞋的生活。

一年以后，这个岛上的皮鞋市场被打开了，而小郭也因为这件事情理所当然晋升成为了企业的营销部经理。

以企业精神不断唤醒自己的主人翁意识，因此，小郭并没有像其他营销人员一样以"打工者"的心态将企业交给他们的任务草草完成，而是以高度的主人翁意识把原本的市场调查工作，一步步做成了市场开拓工作，并取得了很好的成果。他也因为这种把自己当作企业主人的态度收获了自己应得的回报。

其实对于每个员工来说，当我们总是抱怨自己难以在工作中取得优异的成绩时，是否真的把自己当作企业的主人去做事了？倘若我们能够以企业精神所宣扬的核心价值观来激起心中的主人翁意识，相信每个员工在工作中都能够取得优异的成绩。

第二章 弘扬企业精神，践行企业核心价值观

（3）以企业精神激发自己的自尊心。

对于每个员工来说，自尊心都是极好的动力。假如遭受了他人的嘲笑，我们一定会奋起努力让那些嘲笑我们的人刮目相看；当看到周围人获得了成功而自己却总是失败时，我们也一定会痛定思痛知耻而后勇。自尊心的满足是我们每个人基本的精神需求，也是我们做事的最大动力之一。在工作中，倘若我们能够以企业精神激起自己的自尊心，那么这种自尊心带给我们的能量会远远超出我们的想象。例如，当抱着糊弄的心态去完成工作时，我们会想一想自己是否成为了企业发展过程中"拖后腿"的那一员；当产生懒惰的心理时，可以想一想，我们身边的员工乃至整个企业都在始终践行企业精神，而自己就甘愿成为被排除在外的一员吗？倘若我们能时刻以这种方式，用企业精神激发自己的自尊心，不断告诉自己："别人能做到的，我也能做到。"我们就能够在工作中激发起巨大的力量，帮助我们不断进步、成长。

（4）以企业精神引导出自身潜能。

对于每个员工来说，每个人身上都有自己可能都没意识到的巨大潜能。这些潜能之所以还没有被挖掘出来，只是缺乏一个引导的途径，而企业精神可能就是最好的引导途径。当我们接受企业精神的洗礼后，可能会发现自己在工作中的行为并不能与企业精神中的核心价值观相一致。此时要想一想，我们仍在这个企业中工作，证明企业相信我们能够在工作中保持与企业核心价值观相一致的行为，能够成为弘扬企业精神的一员。既然如此，我们即便现在并没有完全做到最好，但是一定有这样的潜力。我们应该以更严格的标准要求自己，竭尽所能去满足企业精神中核心价值观的要求，引导出自身隐藏的潜能，这让我们在获得进步的同时，也为企业精神的弘扬贡献了自己的力量。

企业精神是企业文化的根基。用企业精神激励自己，我们就能够在工作中取得连自己都想不到的优异成绩，同时也能够为企业文化和企业精神的弘扬贡献出自己的一份力量，让企业越来越好，也让自己越来越优秀。

弘扬企业文化　争做优秀员工

3.

拒绝空谈，用行动诠释企业精神

　　企业精神作为企业文化的根基，除了需要我们在精神上给予它足够的重视，将企业精神浸染到内心中去，同时也需要我们用行动对它进行诠释。只有从行动上将企业精神表现出来，企业精神所弘扬的核心价值观才真正"活"在了我们的心中。倘若只是空谈，那么企业精神也不过是徒有其名。

　　很多企业员工可能一提到企业精神，就可以侃侃而谈，然而综观他们的所作所为，却丝毫无法看出企业精神的展现，这样是无法让企业精神得以弘扬的。企业精神的弘扬和发展迫切需要员工以实际行动将它表现出来，只有员工能够将企业精神落实到日常工作和生活之中，它才真正具有意义。

　　那是一个再普通不过的早上，是一个再普通不过的航班。小张作为该航班的乘务员做完航前正常准备工作，面带微笑地迎接每一位乘客，随着飞机起飞后"系好安全带"的广播声，信号灯熄灭后客舱正常的餐饮工作开始了。

　　在餐饮服务环节，一位身穿少数民族服装坐在客舱后部的老奶奶引起了她的注意。"奶奶，您好！今天我们航班上配备的是牛肉面，请慢用，当心烫手！"小张双手把餐食递了过去，老奶奶虽然什么话都没有说，可是布满皱纹的脸上全是笑容，她一边点头一边把餐食接过去。很快，餐食饮料发放完毕，小张推出一辆餐车开始从最后一排回收餐盒水杯。当她收到老奶奶的餐盒时，餐盒沉甸甸的，热食也完好无损地放在餐盒中。小张疑惑地问道："奶奶，请问餐食不合您的胃口吗？"老奶奶笑着说出了一句她听不懂的方言。正在小张纳闷时，旁边的女士把老奶奶的意思翻译给了小张，原来奶奶不能吃牛肉。她听完，立即想到航班上备份的素食点心，马上把车推回服务间，拿出餐食又倒了一杯温水递送到老奶奶面前。"奶奶，这是我们航班上备份的素食点心，这个餐盒里面有餐具。没有及时了解到您不吃牛肉，让您才吃上早餐，实在非常抱歉！"当身旁的女士把小张的话翻译给老奶奶听时，老奶奶顿时十分开心，连连点头对着她说话。旁边的女士说："老奶奶在感谢你呢，你真是太体贴了。""没什么，不用客气。"说完小张便继续进行着之前的工作。

等所有的事都忙完后，小张想起老奶奶应该吃完了，便走过去询问，老奶奶一脸满足地把空餐盒还给她，用笑容来表达对她的谢意。正当她双手接过餐盒的时候，"咔嚓"一声，身旁的女士拿相机把小张跟老奶奶相视一笑的瞬间记录了下来。"这是我旅程中最美好最感动的瞬间，谢谢你，乘务员。"说完，她手上又多了一封记录着感动与感谢的表扬信。

其实，这样的温情瞬间每天都会出现在深航的航班上，深航广大乘务员始终坚持把"任何时候自然体贴"的企业服务文化贯彻到自己的日常工作中去，用心去体会这八个字，用实际行动去诠释这八个字。也正因如此，深航被称为满载爱与感动的航空公司，每一个深航的乘务人员也收获着他人更多的赞美。

通过这位深航乘务员的行动，相信每一个人都能体会到深航的企业精神，也都会被这种精神所感动。而深航的员工沐浴在这种企业精神中，也会更加规范自己的工作行为，让这种企业精神不断得到弘扬。

对于每个身在企业的员工来说，如果能够以深航乘务员的这种精神，用实际行动去诠释企业精神和核心价值观，那么相信我们的企业也一定能够通过每个员工的努力获得更长足的发展，而身在企业中的我们也会同样收获颇多。当然，要想真正做到用实际行动去诠释企业精神，我们就需要在工作中做到以下四个方面。

（1）在工作中牢记企业精神的宗旨。

每个企业在企业精神中都会宣扬一些与企业核心价值观相一致的宗旨，例如：创新是企业成长发展的基本保障；客户是企业创收的重要依靠等。这些宗旨往往简明扼要地概括了企业精神中的核心，当然也是每个员工最需要铭记的。在工作中，只有牢记企业精神的宗旨，不断用这些宗旨提醒自己，规范自己的工作行为，我们才能够通过自己的实际行动让企业精神在我们身上得以彰显。

（2）以精益求精的工作态度诠释企业精神。

有些时候，我们并非不想用自己的行动来弘扬企业精神，而是由于我们的工作态度不够端正，导致企业精神并没有在我们的行动中得到最好的体现。对于每一个员工来说，不管我们企业精神的核心价值观是什么，唯有在工作中精益求精，力求将每件工作做到最好，企业精神才能够在我们的行动中得到最淋漓尽致的体现，也才能够向他人传达企业精神的全貌。

（3）以恪尽职守的决心维护企业的核心价值观。

企业精神不仅仅需要弘扬，更需要我们每个员工尽力去维护，而维护企业精神的最好方法就是恪尽职守，在自己的工作岗位上做到最好。有些时候不难发现这样的现象：一些员工虽然在大多时候能够做到用行动去诠释企业精神，但在有些特殊情况下，却会因为种种原因而将企业精神抛之脑后无法尽忠职守。然而仅仅是一两次对企业精神核心价值观的破坏，很可能就会产生连锁反应，引起恶性循环，让自己甚至身边的同事对企业精神所宣扬的核心价值观产生动摇。因此，唯有让自己拥有恪尽职守的决心，坚决维护企业精神所宣扬的核心价值观，不做任何与这种核心价值观相违背的事，企业精神才能够得到最好的维护，始终在所有员工心中具有重要的地位。

（4）以勇挑重担的责任心弘扬企业精神。

我们每个员工对于企业精神最好的弘扬莫过于将企业精神所宣扬的核心价值观当作自己的"信仰"，而诠释这种"信仰"最好的时机，就是我们在工作中面临困难的时候。如果我们能够在困难面前表现出勇挑重担的高度责任心，我们就能够证明企业精神确实深入了心中，当然我们也会通过这样的实际行动让企业精神在我们身上得到最好的弘扬。这种精神往往能够让我们身边的人为之动容，让企业精神迅速深入周围人的内心，让它得到最迅速的传播和发展。

企业精神不是停留在嘴上的一句口号，而是深入我们每个员工内心的一种"信仰"。用实际行动去诠释企业精神，我们才能够真正让企业精神扎根于每个员工的内心，让企业精神的核心价值观传播到企业的每一个角落。

4.

自觉自律，恪守企业的价值准则

企业精神的核心就是企业价值观，也就是企业的价值准则，身处企业中的每一个员工，要想让企业精神得到弘扬，都需要主动遵循企业的价值准则。

每个企业在维护企业精神中的价值准则时，一般都会采用制定规章制度、建立内控机制等方式来对员工进行约束。但是，不管是什么样的约束方式，实际上都是被动的,是让员工不得不去遵守的。如果员工仅仅是由于畏惧惩罚而不得不去遵守企业的价值准则,并非发自内心自觉自律去遵守,那么企业精神也很难在员工身上得以体现,更不要提发扬光大了,甚至会选择钻规章制度的空子,或是在监管薄弱的时候不去遵守企业的价值准则等破坏企业精神的行为。

当然,想要做到自觉自律遵从企业的价值准则并不是一件容易的事情,因为在企业价值准则和个人价值准则间一般都存有一定冲突,我们员工只有将这些冲突化解,才能够让个人价值准则与企业价值准则相吻合,从而为我们自觉自律遵守企业价值准则创造出心理基础。

(1)明确企业价值准则,找到个人价值准则与企业价值准则间的辩证统一关系。

要想让自我价值准则与企业价值准则相吻合,首先就必须明确企业的价值准则是什么。想要做到这一点,就需要在平日里主动参与到企业文化宣传活动中,通过对活动中宣扬的企业精神进行深刻学习和体会,提炼出其中的精髓,进而将其与自我价值准则进行比较。在比较后,需要找到个人价值准则和企业价值准则之间的联系与矛盾,并对这些联系和矛盾进行分析,让自己认识到它们之间的辩证统一关系。

打个比方来说,有些人可能会认为有时候遵循企业的价值准则就会伤害到自我价值准则,例如自己如果无私为企业多做贡献,可能并不能立刻得到回报,心理上就感觉"亏了"。然而通过辩证法进行分析就不难发现,身在企业,只有企业有更好的发展,员工才能够依托企业这个平台,让自身在今后的发展中获得更大空间。倘若员工不去遵守企业的价值准则,只为个人利益考虑,企业发展受到阻碍,员工自己也无法获得预期的回报。通过这样的方式,我们就能够找到主要矛盾,在个人价值准则和企业价值准则之间找到辩证统一的关系,从而修正自己的个人价值准则,让它与企业价值准则更加契合。

(2)与企业建立沟通、反馈渠道,加深自己对于企业价值准则的理解。

在很多时候,员工可能并非不愿意自觉遵守企业价值准则,而是对企业价值准则中的某些地方存在不理解。如果仅仅依靠个人的力量去理解企业的价值准则，在这一过程中难免会掺杂过多个人感情色彩，最终得出的结论也会相对片面。因此，当我们发现自己对企业价值准则存在不理解的地方时，完全可以与企业建立沟通、反馈渠道，获取从企业角度的不同理解，从而更全面地考虑企业为何树立这样的价值准则，消除心中的不理解与误会，让自己发自内心自觉地去遵守企业价值准则。

（3）通过向企业树立的榜样进行学习，增强自己的觉悟。

一般来说，在我们所在的企业或是身边的员工中，总会有严格遵守企业价值准则的榜样，企业通常也会对这些榜样进行表彰和宣传，我们完全可以向这些榜样学习，提高自身觉悟，从而做到自觉自愿遵守企业价值准则。每个人的觉悟都需要一个提升的过程，这也就是为什么每个企业都需要树立榜样。也许并非每一个员工都能够从一开始就做到最好，成为他人的榜样，但是向榜样学习也绝不是一件"丢脸"的事情。对于每个人来说，只有取长补短才能够不断进步，在弘扬企业精神、遵守企业价值准则上亦是如此。我们可以观察榜样平时的行为方式，或是向榜样讨教自觉自律遵守企业价值准则的方法，从而让自己也能够在工作中逐渐做到自觉自律。

（4）从点滴做起，不断提升自己的个人价值观。

自觉自律去遵守企业价值准则并非一朝一夕就能够做到，这是一个循序渐进的过程。因此在日常工作中，我们更应该从细节着眼，逐渐提升自己的价值观，让它与企业价值准则逐步接近，最终做到自觉自律。对于每个员工来说，从一开始就在所有事情上严格遵循企业价值准则可能并不容易，但是从工作中最细微的小事上做起，就会相对容易。先易后难的方式能够让我们在遵守企业价值准则的过程中更加顺利，更少遇到困难，也让我们更容易坚持下去。进而在越来越重大的事情上能够以企业价值准则作为标准要求自己，从而养成自觉自律的习惯。

自觉自律遵守企业的价值准则也就是维护了企业精神中最重要的层面。这

弘扬企业文化　争做优秀员工

对于员工提升自我和弘扬企业精神都有着重要的作用。员工只要在每天的工作中努力去践行，严格要求自己，就都能够养成自觉自律遵守企业价值准则的习惯。

5. 将企业核心价值观融入日常工作

习近平总书记一再强调，要将社会主义核心价值观融入到日常工作中去，这实际上就是为了让这种正确的价值观念在指导政府工作的同时，也在工作中更好地发扬光大。其实对于企业核心价值观亦是如此。我们每个员工只有将企业核心价值观融入到日常工作中，才能够让企业精神和企业核心价值观更好地传承与弘扬。

企业核心价值观和企业精神的弘扬依靠的绝不仅仅是在重大事件上企业和员工所表现的行为，因为工作中的重大事件并非每天都会发生。恰恰是要依靠最普通的日常工作中一点一滴的行为，才能够真正让企业核心价值观和企业精神得到最好发扬。因此，我们每个员工都应该将企业核心价值观融入到日常工作中去，通过自己最普通的一言一行去贯彻企业核心价值观。

为了做到把企业核心价值观融入到日常工作中，员工必须从以下四个方面着手。

首先，我们必须把企业的核心价值观作为自己日常工作的基本原则。在企业文化教育活动中，要对企业核心价值观有全面、深刻的理解，这样在贯彻企业核

第二章 弘扬企业精神，践行企业核心价值观

心价值观的过程中才能够保证我们所遵从的企业价值观是正确的、全面的。另外，在日常工作中，无论做任何事情，我们都应该时刻用企业核心价值观来提醒自己，要以不违背核心价值观为首要原则，这样才能够在日常工作中，通过每一件事去加深企业核心价值观在自己心中的牢固程度，也通过自己的行为让企业核心价值观得到弘扬。

其次，在日常工作中要以遵守企业规章制度作为底线，绝不突破底线。通常，每个企业都会制定规章制度来维护其核心价值观，这些制度可以说就是我们每个员工的行为底线。因为企业规章制度所规范的是企业核心价值观中最基本的要求，也就是说一旦我们违反了这些规章制度，就等于是突破了企业核心价值观的底线。如果我们连最基本的维护企业核心价值观都不能做到，就更谈不上弘扬了。因此，每个员工都应该在日常工作中把企业的规章制度作为自己的底线，绝不越雷池一步，只有这样我们才能够做到将企业核心价值观融入到日常工作中。

再次，在做每一项日常工作时，我们都要将企业核心价值观贯彻于整个工作的始末。有些时候，我们可能在工作的一开始还能够坚持贯彻企业的核心价值观，时刻用核心价值观来提醒自己规范自己的行为，但是当工作进行了一段时间后，或是在一些工作的细微之处，我们可能就忽视了对企业核心价值观的贯彻而让我们功亏一篑。对于将企业核心价值观融入到日常工作这一过程来说，只有完全贯彻或是没有贯彻两种情况，没有第三种可能。因此，在日常工作中我们要做到时时贯彻，事事贯彻，让企业核心价值观融入到我们的每一个工作行为中。只有这样，我们才真正可以说将企业核心价值观融入到了我们的日常工作中。

最后，为了保证我们切实将企业核心价值观融入到日常工作中，我们还需要为自己建立自我监督机制。我们可以采用自评的方法，将各种保证企业核心价值观融入日常工作的方法和要求一一列出，并用自己的日常工作行为与这些要求一一进行对比，从而了解自己贯彻企业核心价值观的程度，以及自己需要补足和改进的方面。只有这样，我们才能够在将企业核心价值观融入到日常工作的过程中

不断进步,并最终形成"条件反射"。

　　将企业核心价值观融入到日常工作中,是每个员工传承企业核心价值观、弘扬企业精神的重要一步。走好这一步就可以说我们在弘扬企业精神这一层面上已经做得十分优秀了。相信每个员工都希望自己能够为企业文化和企业精神的弘扬和发展做出自己最大的贡献,那么就从现在起努力将企业核心价值观融入到自己日常的每一项工作中去。

第三章

坚守企业道德，打造诚信、守法、感恩、廉洁的优秀企业

无论企业还是员工，坚守道德底线都是获得成功的基本条件。一个优秀的企业总是坚守让人钦佩的企业道德，一个优秀的员工总会以自己的实际行动来坚守企业道德、弘扬企业道德。

弘扬企业文化　争做优秀员工

1.

大胜靠德，企业发展以企业道德为根基

惟贤惟德，能服于人。人是这样，企业同样如此。综观中外企业发展史，我们不难发现，那些真正在市场上拥有强大竞争力、获得长久发展的企业，都是能够时刻牢记对社会负责、对消费者负责的企业道德的。在它们看来，企业道德是企业生存和发展之本，企业只有讲道德、守诚信，才会有良好的信誉，才能赢得市场和消费者的信赖，进而给企业带来长远利益，使企业立于不败之地。

对于身在企业的每一个员工来说，更应该深刻理解这一点，因为企业道德需要靠员工的行为去维护，而在维护企业道德的过程中，实际上也就是维护了自己做人最起码的道德，这无论对于企业还是我们自身的发展都意义重大。

之所以说企业道德是企业发展的根基，这有以下几方面的原因。

首先，企业道德决定了企业的层次。企业道德蕴含着企业的各种权利和义务，企业的行为必须对这些权利和义务负责。随着消费水平和消费观念的变化，人们对企业的要求越来越高，不仅仅满足于企业提供优良的产品和服务，而且希望企业能承担一定的社会责任，如环境保护，对员工、竞争对手、所在社区负责等。这些都要求企业要加强道德建设，提高自身层次，这样才能适应时代要求，把握市场竞争的主动权。

在世界500强企业中，除了先进的技术、严格的管理、旺盛的创新意识、崇

第三章　坚守企业道德，打造诚信、守法、感恩、廉洁的优秀企业

新的人才观念外，无一例外，都拥有企业自身的道德行为规范，而且都对企业道德建设和实施非常重视。如索尼公司提出："以提高索尼集团的企业价值为经营的根本，把自觉性和自律性的道德标准作为企业的重要组成部分。"这些成功的企业都向我们展示了道德建设是企业发展的重要组成部分。加强道德建设不仅是企业环境变化的要求，也是现代企业制度的内在要求。

其次，企业道德是企业提高控制有效性的重要手段。企业作为市场主体和社会经济实体，必须以生产经营为中心任务，即要追求利润的最大化。为了实现企业目标，需要对员工在生产经营活动中的行为进行约束。企业制度以其强制性、严格性对人的心理产生震慑作用，影响员工的行为。但如果仅以制度进行约束，势必造成生产经营和资源配置的扭曲、僵化，使企业走上畸形的发展道路。而企业道德具有柔性，能在企业制度触及不到的地方发挥作用，调节不同成员在企业活动中的非正式关系，影响员工的行为。所以，道德建设能弥补制度控制的不足，提高控制的有效性。事实上，道德建设也是一种事前控制的手段。由于环境的变化，企业的层级之间、工作团队之间的关系要发生相应的变化，企业已不可能对每个工作单元每一时刻的行为进行全面控制。在这种情况下，员工的行为在一定程度上取决于个人道德素质的高低，加强企业道德建设有利于提高员工的个人道德素质，可以起到事前控制的作用。

最后，企业道德还关系到企业的核心竞争力。对于企业竞争力，我们经常提到的是企业核心技术、内部管理、营销能力、企业文化等，这些都是企业的外在竞争力。支撑这些外在竞争力的是企业道德。企业规模越发展，道德外在竞争力的影响越大。一个没有道德的企业，它的外在竞争力也不会持久。这主要有两个原因：一方面，企业竞争最终是对消费者的竞争。消费者不仅对产品质量、实用性很注重，而且更愿意购买那些诚实经营、有社会责任感的企业生产的产品和服务，加强道德建设可以为企业赢得更多的消费者。另一方面，企业员工在充满信任、责任感和抱负的环境中能够取得最富创造性的成果，而这样的环境只有在诚实、信赖、公平、尊重价值观的基础上才能建成，加强道德建设有利于开发企业

弘扬企业文化　争做优秀员工

的潜能，增强企业对社会的供给能力。所以，从某种程度上说，企业之间的竞争就是企业道德的竞争。

在青岛海尔集团刚刚生产出滚筒洗衣机的时候，广东潮州有一位用户给海尔总裁张瑞敏写了一封信，信上说在广州看到了这种洗衣机，但是在潮州却没有，希望张瑞敏能帮助他弄一台。于是，张瑞敏派驻广州的一位员工把一台滚筒洗衣机通过出租车送到潮州去。

当行驶到离潮州还有两公里的地方时，出租车因手续和证件不全，被检查站扣住了，最后洗衣机被拿了下来。这位员工在路途中几次试图截车都没有成功，不得已这位员工在 38℃ 的高温下，自己背着这台 75 公斤重的洗衣机上路，走了近 3 个小时才把洗衣机送到用户家里，用户还一直埋怨他来得太晚。

这位员工没有吭声，立即给用户安装好了洗衣机。后来，这位用户得知了事情的真相，非常感动，就给《潮州日报》写了一篇稿子。《潮州日报》围绕这件事展开了很长时间的讨论。海尔集团由此获得了巨大的社会声誉。

海尔公司成立于 1984 年，20 世纪 90 年代以来，海尔的名字响彻了中国的大江南北。在 20 世纪 80 年代初，"海尔"还只是一个只有 800 人、亏损 100 多万元的集体企业，然而十几年后，"海尔"变成了海尔集团，在一种神奇力量的支配下，竟然成为全国 500 强中名列前 30 位、销售收入 162 亿元、利润 4.3 亿元、品牌价值 265 亿元的特大型企业。这种神奇的力量是什么呢？海尔总裁张瑞敏一语道破天机——企业要靠无形资产来盘活有形资产，只有先盘活人，才能盘活资产，而盘活人的关键是铸造企业文化精神，提高员工的职业道德。

员工若没有较高的职业道德，企业文化就盘活不了有形资产，企业就不会有出路。上述案例可以充分体现海尔员工道德的崇高。假如这个员工缺乏高度的敬业精神和服务意识，没有在38℃的高温下，自己背着75公斤重的洗衣机走了近3个小时送到用户家里，那么，海尔把"用户的烦恼减少到零"的服务目标也就成了一句空话，海尔集团在潮州地区也不会获得那么大的社会声誉。可见员工的职业道德的确有利于塑造企业形象，有利于提高企业的社会信誉。

作为企业中的一名职工，倘若每个人都能有这样维护企业道德的觉悟，那么我们的企业都能够获得像海尔公司这样的成功，而作为企业中的一员，我们当然也更容易获得属于自己的成功。

古希腊思想家梭伦说："道德是永远的，而财富却日易其主。"道理听上去简单，但真正将这种观念落实到行动却并非易事。我们今天所生活的时代，市场体制给了人们巨大的逐利空间，利益追求深入到社会生活的每一个角落。"天下熙熙，皆为利来；天下攘攘，皆为利往。"必须承认，逐利是所有企业的本性，也具有其合理性，我们员工当然也会为了企业的生存而逐利。然而，君子爱财，取之有道，逐利行为必须设立道德前提，更何况在法治建设不断完善的今天，法律为企业逐利设置了共同的规则。失去了正确逐利原则的企业，最终都付出了惨重的代价，并成为彰显法律威严和道德审判力量的新佐证。而失去了正确逐利原则的员工，也会因为损害了企业的形象而为企业其他员工所唾弃，甚至受到法律的严厉制裁。

作为一名员工，我们要时刻记住"大胜靠德"的道理，从自身做起维护企业道德，因为它既是企业发展的根基，也是我们为人的根基。

2.

恪守诚信理念，打造企业诚信品牌

我们已经知道，维护、建设企业道德对于企业和员工自身的发展都有着非常重要的作用，而企业道德中最基本最关键的元素就是诚信。

对于企业来说，恪守诚信理念是企业增强核心竞争力的重要途径。市场经济条件下的企业要谋得发展，关键在于企业必须打造诚信品牌。企业讲诚信，社会信誉度就高，内外形象就好，客户和消费者用其品牌，接受其服务就放心，企业就能在市场竞争中立于不败之地，就能得到可持续发展。构建企业诚信体系，打造企业诚信品牌，是增强企业核心竞争力的必由之路。

对于我们身在企业的员工来说，恪守诚信理念更是我们维护企业道德，加强自身职业道德建设的重要基础。我们都知道，一个人只有首先达到做人的基本道德标准，才能够在工作中获得更大成功。在中国的传统文化中，诚信被视为道德伦理的基本准则，是对人行为规范的要求，是内在品德与外在行为的统一。因此，我们员工只有恪守诚信理念，才能够让自己的行为得到社会、企业、客户的认可，也才能够在职业道路上有更好的发展，为打造企业诚信品牌贡献自己的力量。

古人常说"言必信、行必果""信近于义""人无信不立""以信接人，天下信之"等，就是对诚信重要性的最好描述。我国的儒学家就曾将信与仁、义、礼、智并列为"五常"，孟子更是把"诚"赞扬为自然界和人类社会的最高道德

第三章　坚守企业道德，打造诚信、守法、感恩、廉洁的优秀企业

范畴。历史上还有很多比喻诚信的典故和成语，如"一诺千金""一言九鼎""言出必行""季布一诺""精诚所至""一言既出，驷马难追"等。这些都说明了诚信素质对一个企业、一个员工的重要性。

对员工而言，诚信之重要，首先体现在诚信是企业精神和核心价值观对员工工作的一种"常态"要求，是员工得以将企业精神不断弘扬的根本和前提。在一个组织中，诚信是组织成员相互合作的必要条件，可以很直接并且快速地评估一个人是否值得信赖和能够委以重任。诚实守信、言出必行、忠诚可靠、有良好的道德品质的人就是值得信赖的，也是企业精神不断发展所需要的人。谎话连篇、言而无信、不够忠诚、没有道德的员工只会破坏企业的诚信形象，给企业造成莫大的损失。

很多世界级企业对员工进行绩效考核时都十分看重诚信，他们重能力，但更看重诚信。如通用电气公司对人才选拔的价值观是：员工首先要具备的是诚信，第二是业绩，第三是改革的渴望和创新精神。联想集团在选拔人才时看重毕业生两方面的素质，一是诚信、正直的态度，二是求真务实的工作状态。因为联想不仅需要具有创新意识的人才，更需要脚踏实地、认真做事的人。IBM 在选人时也很看重人的正直和诚实，并把这二者放在很重要的位置。惠普公司也十分注重选拔具有诚实和正直品行的人才。这些企业都认为，如果一名员工不能诚实地工作，那么，虽然他能在短时间内给公司带来效益，但不可能带来长远的利益，而员工不讲诚信的行为往往还会给公司造成负面影响。

有一名在德国留学的外国学生，毕业时成绩优异，便决定留在德国发展。他四处求职，拜访了很多家大公司，但都被拒绝了。为此他很是伤心和恼火，但为了在这里生活下去，他不得不收起高材生的架子选了一家小公司前去应聘，心想这次无论如何也不会再被德国人赶出门了吧！然而出人意料的是，这家公司虽小，却仍然和大公司一样很礼貌地拒绝了他。

这位留学生终于忍无可忍，对这家企业的招聘经理拍案而起："你们这是种族歧视！我要控告你们！"接待他的德国人很冷静地请他坐下，然后从档案袋里抽出一张纸放在他面前，示意他看一下。留学生拿起纸一看，发现是一份记录，记录上写着他乘坐公共汽车时曾经逃票三次。

难道因为逃票三次就拒绝一个有才干的人进入公司吗？这位留学生又惊讶、又气愤，就说："原来你们就是因为这么点儿鸡毛蒜皮的事而小题大做，太不值得了。"但是这位德国人说："在德国，抽查逃票一般被查出的概率是万分之三。也就是说逃一万次票才可能被抓住三次。我们很欣赏你的才能，却不能接受你三次逃票这种不诚实的记录。"

这位留学生听了顿时哑口无言。在事事认真的德国人看来，坐车不买票的人是不讲诚信的，而他居然被抓住三次，这说明他坐车很少买票。这样的人他们怎么敢留下任用呢？这个留学生感到无比羞愧，只好离开了。

也许目前在我们国家尚没有如此严苛的诚信评价制度，然而这也绝不是我们不恪守诚信理念的借口。对于我们每个身在企业的员工来说，倘若我们不能在工作中坚守诚信理念，帮助企业打造诚信品牌，最终我们只会将自己甚至整个企业的发展扼杀在谎言编织的牢笼中。

要想做到在工作中秉承诚信理念，帮助企业打造诚信品牌，我们首先就必须对诚信理念有正确全面的认知。可能有些人会问，诚信理念不就是诚实对待工作吗，没有什么其他的内容啊？实际不然，真诚对待工作只是诚信理念内容中的一部分，也可以说是狭义的诚信。随着时代的不断发展，现在广义上的诚信理念已经不仅仅是诚实那样片面，更包含了可靠性、责任感、团队精神、爱国心等方面。它表现为一个人对他人或组织的诚实性和信用程度，取决于一个人自身的品德，体现在一个人的个性和价值取向之中。它是我们处世和做人的一种必备素质和行为规范，也是人品修养的核心部分。只有我们对诚信理念有了全面的认识，

第三章 坚守企业道德，打造诚信、守法、感恩、廉洁的优秀企业

接下来我们才能努力去做到恪守这种理念，为自己也为企业打造诚信品牌。

当我们已经全面认识了诚信理念的核心内容后，接下来我们还要在日常工作中时刻提醒自己，诚信是企业和我们自身发展的根本。企业的诚信水平越高，人与人之间的信任范围就会扩大，企业管理的成本就会缩小，效益就会提高。企业员工在生产经营活动中把握好量和度，诚实、守诺、理解、信任和包容，就会形成一种良性的互动关系，企业就能在生产、市场、流通领域开拓更宽广的发展空间，使人员、物资、资金等要素优化组合，形成再生产的优势。因此，诚信不仅是建立良好市场环境的重要因素，也是我们员工自身发展的重要基础。

当然，打造企业诚信品牌除了需要我们员工秉承诚信理念去工作，也需要我们坚守一定社会责任，在代表企业与社会进行接触的过程中，或是在日常生活与他人接触中也始终保持诚信理念。只有这样，我们在将自己的诚信理念展现给他人和社会时，也就相当于为打造企业诚信品牌做出了贡献。打个比方来说，假如我们在社会生活中坚持以诚信原则待人，那么一定会受到他人的赞赏，而当他人知道我们的工作单位后，自然也会认为我们的企业精神中饱含诚信理念，才造就了拥有诚信品质的员工。

不过，在我们坚守诚信理念的过程中，也可能会遇到一些"意外情况"，而我们也必须在坚守诚信理念的过程中分清是非，划清界限。其实这"意外情况"主要就是指当诚信理念与依法办事的理念发生冲突时。在从事经济活动中常常会出现依诚办事还是依法办事的矛盾，这时要毫不含糊地依法办事，决不能曲解诚信而做违规违纪的事。只有依法办事，诚信才更有意义。要划清诚信与保守机密的界限。在企业的经济活动中，保守本企业的经营机密是受法律保护的。不能强调要讲诚信，就把企业的经营机密泄漏出去。

企业要想打造诚信品牌就需要全员参与。只有万众一心，才能铸就伟业。因此对于每个员工来说，都应当为了自身和企业的长远发展考虑，坚持诚信理念，让诚信成为我们自己和企业的"金字招牌"，让我们在创造更大利润与价值的同时，也让企业道德光芒四射。

3.

营造员工遵纪守法的氛围

如果说坚守诚信理念、打造企业诚信品牌是我们员工努力追求的目标，那么遵纪守法则是企业和员工必须要坚守的底线。不管是在企业的经营活动中还是我们的日常工作中，遵纪守法都是我们必须坚决维护的基本原则，一旦触及这条底线，等待我们的将是万劫不复的深渊。

要想做到遵纪守法，就必须在企业中营造出遵纪守法的和谐氛围，这就需要每个员工从自身做起。如果每个人都能做到秉承遵纪守法的理念去工作，企业中自然就会充满这种氛围，将违纪违法的现象彻底杜绝。

无论是对于企业还是我们员工，遵纪守法都有着重要的意义。每一名职场成功人士在自己内心深处都用法纪来约束自己的行为，成就了他们的事业，实现了自身的价值。不管在什么情况下，我们都应按规矩做事情，这样才能做好事、做成事。

员工必须去适应企业的环境与规矩，而不是企业为员工改变自己的环境和规矩。一个高效的企业必须有良好的运行机制，服从上级指令遵守业内法纪，是普通的基层员工迈向成功的第一步。绝大多数管理人员都是从基层干起，从普通员工做起的。只有先懂得遵从法纪，才有可能向更高层次迈进。企业是一个有规制与遵从的系统，企业员工首先做一名出色的遵从者才会成为一名优秀的指挥者、

第三章 坚守企业道德，打造诚信、守法、感恩、廉洁的优秀企业

管理者。

此外，一个企业想要正常进行生产运营，需要靠严明的法纪、严厉的执法来保证。企业中竞争是残酷的，但再残酷的竞争也不能成为我们违反法纪的借口。对企业中的每一名员工来说，遵纪守法是企业发展的最基本的要求，是我们帮助企业创造价值的基础。企业如果缺乏法纪就难以产生强大的生产力。在日益激烈的市场竞争中，一个团队、一个企业要想成为攻无不克、战无不胜的集体，企业的每名成员都必须严格遵守法纪，谁也不能凌驾于法纪之上。

主动遵纪守法就是主动承担其责任。员工如果能做到遵纪守法，就一定能承担起社会赋予的责任，有这样员工的企业也就会做大做强；如果企业员工缺乏遵纪守法意识，片面追求眼前效益，必将造成企业更大的损失。企业员工遵纪守法也就是为企业负起自己的责任，这样也会给自己带来实实在在的效益。

想要真正让自己和身边每一个同事做到遵纪守法，就要营造遵纪守法的和谐企业氛围。这看起来简单，其实不易。作为一名员工，自身要做到遵纪守法，就必须学法、知法、懂法。让自己的行为举止，对利益的追求，对权益的维护，都在法纪的许可范围内，在制度的框架内。倘若我们连基本的法律和企业制度都没有完全了解，就会成为法盲，就可能做出违法违纪的事情。因此，学法、知法、懂法，是营造遵纪守法氛围的基础。

当遵纪守法的好员工，还要提高明辨是非的能力。作为员工，在待人接物、处理各种工作和人际关系时，都要有法制意识，不能迎合不正之风，更不能以个人喜好为标准，或以个人利益为出发点。情绪无常，哥们义气，人云亦云，都是十分有害的。尤其是在社会转型的复杂时期，不以法律为准绳的维权，不但会使自己成为违法者，并很有可能让别有用心的人利用，成为其发泄对社会不满、制造各种事端的工具。对此，每一名员工都必须十分警惕，并坚决反对和抵制违法、违纪行为。即便是企业管理者要求我们去做一些可能违法、违纪的事情，我们也要清醒地判断是非、敏锐地观察真假，果断地站在维护法律法规，维护社会、企业和谐稳定大局的队伍中，清清楚楚作为，明明白白处事，规规矩矩做人。

弘扬企业文化　争做优秀员工

营造遵纪守法的氛围除了要求我们要从自身做起，做到遵纪守法外，当我们在工作中面对身边的一些违纪、违法行为时，也要勇于制止。可能有些人会认为，自己只是企业中一名普通员工，即便身边有人出现了违纪、违法行为，也轮不到自己去管，甚至害怕因此而遭受报复。然而倘若我们每个人都这样"明哲保身"，那么企业守法、员工守纪的和谐氛围也就无从谈起。只有每个员工都尽力去维护法律和企业规章制度，对违纪违法行为绝不姑息，勇于检举、制止，遵纪守法的和谐氛围才能逐渐在企业中形成，我们的企业精神和核心价值观也才能够得到更好弘扬。

遵纪守法是当代员工最基本的素质和义务，营造遵纪守法的氛围是企业健康发展的重要条件，"以遵纪守法为荣、以违法乱纪为耻"，就是遵从大部分人意愿、维护大部分人利益的高尚之举，也应该是每一个员工所追求的基本荣誉和道德情操。社会在不断地进行变革和发展，但是有一点绝不可能改变，那就是：国无法不治，民无法不立，无论一个国家、一个社会，还是一个企业，没有法纪规范，就乱了正常的秩序。逆法而动，越规而行，不是什么勇敢的举动，恰恰是无知和愚昧的表现，绝不会给自己带来什么好的结果，终究难逃法律的制裁。

4.

懂得感恩，塑造感恩文化

如果说在人类的道德范畴内，有一种美德能够将温暖在人与人之间不断传播，能够化作无形的巨大力量推动人们去为了他人的利益不懈奋斗，那么无疑就

第三章 坚守企业道德,打造诚信、守法、感恩、廉洁的优秀企业

是感恩。心存感恩,就会知足惜福、珍惜拥有,就会有所作为、谱写人生华章。感恩是一种处世情操。选择一种职业生活,心存感恩,就会忠诚正直、敬业奉献,就会宽容共济、信持操守。

对于我们的企业和企业中的员工,同样也需要沐浴在感恩文化下,让感恩成为企业文化和企业精神所宣扬的重要情操,让感恩的力量帮助企业和所有员工创造出更加光明的未来。

"鸦有反哺之举""羊知跪乳之恩",中华民族是一个有浓厚感恩文化传统的优秀民族。在人们呼唤企业社会责任回归的当下,一个企业的价值取向更多地倾向于企业的社会价值,而让企业文化中饱含中华民族的优秀传统美德——感恩,则对体现企业的品牌价值有着巨大作用。因此,每个身在企业的员工都应该懂得感恩,学会感恩,让感恩文化在企业中传播,让企业和员工一同沐浴在感恩的环境里,更加茁壮地成长。

可能仅仅说上面这些,很多员工还是不能体会感恩文化对于自身和企业的重要作用,那么感恩文化对于我们员工究竟有哪些意义呢?

(1)感恩文化的意义。

首先,感恩有助于提升我们员工忠于企业的意愿。我们都知道,任何一个员工想要在企业中有长远的发展,忠诚是重要的品格和职业操守。时下,很多员工虽然在企业中工作,然而却是"身在曹营心在汉""做一天和尚撞一天钟"。由于缺乏感恩文化的熏陶,很多员工不能怀有一颗感恩之心去工作,只能自以为是地"给多少钱干多少活",这种心态使他们很难发挥全部的潜力,自然也就难以在工作中让自己和企业共同得到进步。只有当我们员工深受感恩文化的熏陶,才能够深刻理解"饮水不忘掘井人"的道理,时刻牢记企业恩情,以发自内心的实际行动回报企业,变"要我忠诚"为"我要忠诚",从而在工作中充分调动起自身的积极性、主动性和创造性,推动企业全面发展。

其次,感恩文化有助于员工提高工作质量。员工只有把工作过程视为对企业的高效优质回报过程,才能从根本上提高工作效率,优化工作质量。以任何形式

的他律达到的工作效果都是无法与自律达成的状态相比拟的。感恩文化影响下的员工会想方设法提高工作质量，以便在为企业创造更多经济效益的同时也让消费者体会到他们对社会的那颗"感恩"之心。

此外，感恩文化还能促成员工对团队精神的重要性有更深理解。我们都知道，如今的职场已经不再是"孤胆英雄"能够纵横驰骋的，每个员工都需要依靠团队合力才能创造更大价值。企业是一个有机整体，企业的高产高效是全体员工共同协作、共同创造的成果。所以，员工之间应该彼此心存感恩之情。感恩基础上的劳动协作才是最深层次的团队精神。感恩文化是企业的一种"公共产品"，也是团队合作的"润滑剂"，员工在这样一种文化氛围中，更易达成共识，降低磨合成本。

对于企业来说，感恩文化也同样有助于企业的和谐发展，只有企业得到发展和进步，员工也才能拥有更好的发展平台。

感恩文化对于企业的意义首先体现在它能够提升企业的品牌价值。感恩文化培育下的企业，一方面员工之间相互协作，相互提携，各尽其能、各司其职，将自己看作是企业的主人，充分地发挥自己的主动性，乐意用自己的辛勤劳动推动企业的发展；在工作的过程中，他们总是怀着强烈的使命感、责任感、光荣感和自豪感，积极奋斗，为企业发展尽自己一份力。另一方面，企业将自己的发展同国家社会的发展有机地结合起来，积极地回报社会，树立良好的"社会"企业的品牌。一个在企业内部形成积极向上的"双向感恩"文化的企业，往往能有力地提升自己的品牌价值。

此外，感恩文化还有助于提升企业的核心竞争力。核心竞争力是衡量一个企业的最重要的指标，而只有企业核心竞争力提高了，员工才有可能让自己的岗位技能位于行业领先地位。在感恩文化熏陶下的企业员工对企业心存"感恩"，对企业有很高的忠诚度，在工作中能自律式提高劳作的质量，在科技创新上也能释放自我的潜能，大胆假设、小心求证、积极创新。企业的领导则通过对员工的感恩，点燃员工的工作热情，不断地对员工进行激励，鼓励员工进行技术和管理上

第三章 坚守企业道德，打造诚信、守法、感恩、廉洁的优秀企业

的创新。而所有这一切都能很好地提升企业的核心竞争力。

既然已经知道感恩文化对于企业和员工自身都有着重要意义，那么员工就应该努力从自身做起，心怀感恩，通过实际行动促进企业发展感恩文化。

（2）三大方面着手塑造感恩美德。

①感恩同事。

对于员工个人来说，感恩是一种处世哲学，是生活工作中的大智慧。它要求员工之间相互理解、相互体谅，对别人的工作积极支持，对别人的失误表现宽容，对别人的帮助心存感激。如果我们拥有了感恩的心态，就可以沉淀许多浮躁、不安，消融许多不满与不幸。它能使我们的生活、工作变得更加美好，让我们在企业的大家庭中找到战胜困难的勇气，让我们能在企业中找到归属感，更加积极向上。与其他员工实现互相感恩需要我们首先抛弃"利己思想"，不要做任何事情都事先考虑回报。只有这样我们才能够主动去以感恩之心帮助他人、回馈他人，别人也才能够被这种感恩之心所感染，主动回馈我们。倘若大家谁都不肯先迈出这一步，感恩文化也就无法发扬光大。

②感恩企业。

"感恩"必然能够促使人们扩充心灵空间的"内存"，让人们相互之间逐渐增加仁爱和宽容，并减少人与人之间的摩擦，消融人与人之间的隔阂，增强人与人之间的合作。对于一个企业来说，也是如此，只不过这时感恩的双方是企业和员工而已。我们应该认识到，是企业给我们提供了展示才华的舞台，是企业为我们搭建了实现人生价值的平台，也是企业为我们营造了自我发展的氛围。当然，也是由于企业提供的工作，才使员工满足衣食住行的需要。对这一切我们员工都应时常"感恩"，用自己辛勤的工作回报企业，为企业的发展贡献自己的力量和才智。

③感恩社会。

企业和员工都不能脱离社会，企业的发展也离不开社会各界的支持，所以作为企业员工必须深刻理解"饮水思源"的内涵，抓住机会或创造机会回报社会，

为推进社会进步尽自己的绵薄之力。我们应该看到只有国家和社会的进步发展，才能为企业的持续提升创造条件，才能够让企业中的我们获得更大发展空间。每个员工应将回报社会视为自己的责任，与企业一起共同促进社会进步；反过来，社会进步了，企业和员工就会拥有更好的发展环境。

感恩是中华民族的优良传统美德，它凝聚着爱、责任、奉献等意义，不仅具有强大的精神影响力和行为塑造力，更是推动一切事物和谐化的力量。一个能永葆青春的企业必然有一群懂得感恩的员工。懂得感恩，敢于承担责任，是每一位优秀员工都必须具备的素养，是企业发展不可或缺的重要元素。

作为一名员工，要从自身做起，怀以感恩之心，把感恩文化融入企业文化之中。让每一个员工在这样的文化熏陶下懂得感恩领导、感恩同事、感恩消费者、感恩每一位伙伴，真正为企业发展建立一个良好的人文氛围。

5.

知孝行孝，奉行孝道文化

在中国传统文化中还崇尚着一种与感恩文化息息相关的道德品质，那就是孝道。"孝悌里中颂王祥，卧冰求鲤传四方。""孝"作为中华传统文化的核心理念，是中华民族精神的渊薮。

"孝"是会意字，意思是老人紧紧靠着孩子，就是要求子女使双亲老有所依、老有所养、老有所乐。父母对我们每个人来说，有养育之恩，"滴水之恩，当涌泉相报"，因而感恩本来就是我们中华"孝"文化中应有之内涵，是优良传

第三章 坚守企业道德，打造诚信、守法、感恩、廉洁的优秀企业

统，更是个人应有的基本品德。

说到这里可能有些人会问，孝道不是对于自己父母来说的吗？与企业精神和企业发展又有什么关系呢？

（1）知孝行孝的意义。

首先，知孝行孝，奉行企业孝道文化有助于培养员工的仁爱之心和博爱情怀。在之前我们已经提到了，现如今是一个讲究团队精神和团队合作的时代，感恩精神是团队合作的重要基础，而对他人的仁爱之心和博爱情怀则能够促成这种感恩之心。试想，倘若一个人连对自己的父母都不能怀以感恩之心而尽孝道，又怎么可能对同事、企业怀以感恩之心呢？作为一名员工，我们只有首先学会感恩自己的父母，从中养成仁爱之心和博爱情怀，我们才能够将这种由孝道而生的对父母的感恩之情泛化到对待同事和企业上。

其次，奉行企业孝道文化还有助于提升员工对企业的忠诚度。既然通过知孝行孝能够激发我们心中的感恩之心，那么怀着这种感恩之心去对待我们的企业，我们就更能对它保持忠诚。我们这种忠诚则会感染身边的人，我们的孝心也能够为身边人所传颂，从而让更多的企业员工去知孝行孝，进而培养感恩之情。

最后，知孝行孝还能够激发我们的拼搏精神。如果我们深受孝道文化的感染，那么我们肯定希望尽自己所能去回报我们的父母，而帮助企业共同发展，为企业孝道文化的传播贡献自己的力量则是我们回报父母的最好途径。一方面，我们会在工作中加倍努力以获得更丰厚的回报用以报答父母；另一方面，我们也会通过参与到孝道文化的传播向父母表达自己的孝心，让我们的父母倍感欣慰。

湖南魏源国际投资集团董事长刘亚林是中国对外贸易促进会副会长、中国优秀民营企业家、当代湖南杰出经济人物、邵阳市第十五届人大代表。曾先后两届担任政协邵阳市委委员，并多次荣获政协邵阳市委优秀委员称号。

刘亚林是湖南省邵阳市邵东县魏家桥镇和平村走出来的商业巨子。

弘扬企业文化　争做优秀员工

　　1996年他接收邵阳市佳利房地产开发公司后开始了自己的辉煌事业。这些年，他凭着品质立业、文化育人、仁义爱民、责任报国的理念，在生活、事业上奉行中国尊老爱幼的传统美德，将中国的儒孝文化发挥得淋漓尽致。他在企业初创迄今的十八年里，坚持"人生五伦孝为先"。他开设儒学课堂，企业新入职的员工，所授的第一课就是儒学课，员工要熟读《弟子规》和《孝经》，以弄懂如何是孝、如何是顺。除了培训，他还组织单位每年开展"企业十大孝子评选活动"，大力倡导传统孝德和培育员工孝行。同时，倡导知恩图报的美德，教育员工不但要感恩父母的养育之恩，还要感恩党和国家以及社会。为此，刘亚林在自己的企业成立了爱心基金会和关心下一代协会，专门负责企业的尊老爱幼活动的实施。刘亚林每年均拿出巨资慰问员工家属中年过65岁的人，表彰员工中孝道执行的楷模人物。与此同时，员工中的困难户，以及家乡的孤寡老人，刘亚林每年都要拨款慰问、帮助。从1996年以来，刘亚林帮扶和资助的孤寡老人达300多人次，资金达500余万元。向国家缴纳税费2亿多元，安排就业年均1000余人。

　　正是因为刘亚林模范地率领湖南魏源国际投资集团遵循儒家孝道，他的企业发展蒸蒸日上，从1996年不足百万元的小企业，现已发展成拥有10个子公司，资产达10.8亿元的集团。他本人不但多次荣膺邵阳市尊老爱幼的先进个人称号，他的企业也多次获得省、市有关部门的嘉奖，成为湖南省、邵阳市尊老爱幼的先进单位。

　　可见，一个企业如果能够传承孝道文化，那么其自身必将得到更好发展。企业中的员工如果能做到知孝行孝，也一定会给自身带来更广阔的提升空间，激发自己的潜能，与企业实现共同进步。

　　既然知孝行孝意义重大，那么就不能仅仅将它"宣之于口"，而是要通过实际行动对它进行诠释。

第三章　坚守企业道德，打造诚信、守法、感恩、廉洁的优秀企业

（2）三方面入手诠释知孝行孝。

①孝行之本在于尊重与"无违"。

所谓"无违"一方面是指对父母的意愿应当表示尊重，不要违逆父母的想法。另一方面也是指我们自身在行孝时不必刻意去追求一些所谓表面上的孝道，而是应该更重视对父母的尊重。真正的孝心体现在内心的恭敬，体现在"父慈子孝"的伦理观念中。假如偏离了这一礼制的要求，即便给父母再多的钱，父母也不会开心的。现代人说孝顺，很多时候只是说供养父母。如果没有内心的敬重，在赡养父母的同时却违逆了父母的意愿，那么也很难达到尽孝的目的。孝道并非有事情时替父母做，有酒食时让给父母先吃，而是能在对父母的一言一行中首先表现出对他们意愿的尊重。

②孝行之要在于理解和体贴。

孔子说："父母之年，不可不知，一则以喜，一则以惧。"然而现代人有多少人能记住父母的年龄和生日？真正孝顺的人，有一种对于父母的深度理解。这种理解不仅仅是对父母的年龄、生日、喜好等日常表象的理解，更是能理解父母内心坚持的信仰与品质。

从某种意义上说，儿女对父母之爱的理解深度，决定了他为人处世的人格高度，也影响着他人生事业的成功度。对于我们每个员工来说，只有我们对父母的精神层面有着深度理解，我们才能真正读懂父母的内心，懂得如何去对自己的父母尽孝，而不是一味追求表面上的东西。

③孝行之重在于坚守。

一个人是否能够做到知孝行孝，并非通过某一件事情或者说某一次孝心证明，而是要看他是否能够将行孝坚守下去，年复一年始终如一。偶尔表示一下自己对父母的孝心对于我们任何人来说都不是难事，而一辈子始终如一地去坚守孝道才是不易，也才是真正的行孝。

教师陈斌强，用一根儿时用过的布带绑着患老年痴呆的母亲去教书，近十年如一日，被评为"感动中国"年度人物、"全国道德模范"。他之所以能够感动

全中国，正是因为他将孝道贯彻于自己生命的每一时每一刻。作为企业的员工，如果我们也想做到知孝行孝，为企业孝道文化的弘扬尽自己的一份力量，那么也要从自身做起，坚持做到对孝道始终如一的坚守，也只有这样我们才能让自己的身上散发出孝道文化的光辉。

当然，随着社会和经济的发展，传统的家庭结构、人们的思想意识和交往方式等方面发生了巨大变化。独生子女数量的大大增加，使家庭结构发生了巨大改变。也正因如此，我们在知孝行孝时也应该顺应时代的发展，在尊重父母需要的同时，要一改传统的行孝形式，用全新的方式让父母感受到我们的孝心。

不少人表示，孝敬父母不仅仅是在父母生日那一天带回家里大包小包，而是应该从一个个微小的细节上照顾父母。为父母送一枝花、泡一杯茶、洗一次脚，给父母打一个电话，这些都是从细节上孝顺父母、温暖父母的方式。

为此，有人整理出新"二十四孝"，如果能做到就能让老人体会到幸福，体会到儿女的爱。与传统的"二十四孝"相比，新"二十四孝"更简洁易懂，朗朗上口，不仅包括"教父母学会上网""为父母购买合适的保险"等与现代生活紧密结合的行动准则，还包括"支持单身父母再婚""仔细聆听父母的往事"等新观念和对老年人的心理关怀。

新二十四孝

1. 经常带着爱人、子女回家。
2. 节假日尽量与父母共度。
3. 为父母举办生日宴会。
4. 亲自给父母做饭。
5. 每周给父母打个电话。
6. 父母的零花钱不能少。
7. 为父母建立"关爱卡"。

第三章 坚守企业道德，打造诚信、守法、感恩、廉洁的优秀企业

8. 仔细聆听父母的往事。
9. 教父母学会上网。
10. 经常为父母拍照。
11. 对父母的爱要说出口。
12. 打开父母的心结。
13. 支持父母的业余爱好。
14. 支持单身父母再婚。
15. 定期带父母做体检。
16. 为父母购买合适的保险。
17. 常跟父母做交心的沟通。
18. 带父母一起出席重要活动。
19. 带父母参观你工作的地方。
20. 带父母去旅行或故地重游。
21. 和父母一起锻炼身体。
22. 适当参与父母的活动。
23. 陪父母拜访他们的老朋友。
24. 陪父母看一场老电影。

古人云"百善孝为先"，知孝行孝不仅有助于员工积极弘扬企业的孝道文化，让我们与企业共同获得进步，更是每个员工作为社会中的一员应遵循的最起码道德规范。

弘扬企业文化　争做优秀员工

6. 杜绝腐败，倡导廉洁从业

古语云"公生明，廉生威"，无论历史如何变迁，无论时代怎样发展，廉洁永远是时代的呼唤，永恒的主题。一个企业若充满腐败必将很快消亡，而作为企业中的员工，如果我们为了一己私利而行腐败之事，最终也将自食其果。

生长在一个有着几千年廉洁传统的国度里，我们每一个员工更应该继承和发扬廉洁的优秀品质。同时面对竞争激烈的生存环境我们也更应该不断增强个人修养，增强对各项廉洁法律法规的学习和执行，不断提高自己的廉洁从业意识，把廉洁的优秀品质看作是每一个人应该具备的最基本的职业素质和做人为人最基本的道德修养。树立廉洁高尚的道德情操，在工作和生活中消除自己的贪欲，杜绝一切诱惑。

可能有些人会说，我们只是一家企业，与地方政府和各级机关相比，廉政、勤政怎么能提到这么高的位置呢？其实，构建和谐社会的大厦，离不开我们每个行业、每个部门、每个公民的共同努力。我们虽然身处企业，但是企业的腾飞与发展，我们自身在职场中的发展都离不开廉洁从业，恪尽职守，清正廉洁。

一方面，廉洁从业有利于我们树立正确的人生观、世界观。改革开放以来，计划经济体制已经转型为市场经济体制，在市场经济秩序有待进一步规范和完善的现阶段，拜金主义、享乐主义、极端个人主义等腐朽思想严重冲击着每个员工

第三章 坚守企业道德，打造诚信、守法、感恩、廉洁的优秀企业

的世界观、人生观和价值观，抵制这些形形色色不健康的东西的诱惑和侵蚀，这需要长期的考验。这就要求每一个员工都要加强自身道德修养，树立符合企业精神的正确的价值观和利益观，自觉抵御各种不正当的利益诱惑。要时刻牢记自己是企业中的一员，只有企业得到更长远的发展，自己才能有光明的未来；只有不为私心所扰，不为物欲所惑，才能在企业中实现人生价值最大化，也才能收获应有的回报。

另一方面，廉洁从业是履行工作职责的需要。员工只有兢兢业业履行自己的工作职责，才能够符合企业文化所宣扬的精神，才能在工作中创造更多的价值。只有公正、公平才能使人明辨是非，只有廉洁才能使人不为权势左右。公正与廉洁是密不可分的，廉洁是公正和公平的前提。在日常工作中，若想处理好各种关系，正确解决各种矛盾和问题，就必须做到廉洁。只有廉洁，才能得到同事的尊重和支持；只有廉洁，才能得到下级的遵从和拥护；只有廉洁，才能得到领导的信任和重视。这些都是履行工作职责的基本条件，因此，廉洁从业是履行工作职责的需要。

此外，从企业方面来说，廉洁从业也是企业发展的需要。一个企业快速健康发展，离不开和谐稳定的内外部环境，离不开廉洁向上的企业文化氛围。面对激烈的市场竞争，如果没有一个良好的企业形象，必然会影响到企业的正常经营，甚至错失发展的大好机遇。因此，我们每个员工都要从我做起，严格要求自己，绝不可因为廉洁方面出现问题而影响企业的战略发展。

当然，"杜绝腐败，倡导廉洁自律"不能仅仅停留在口头上，更重要的是每个员工都必须以实际行动来证明自己廉洁从业的决心，强化自己的思想觉悟，让廉洁从业的精神传播到企业每个角落。

（1）要加强学习，提高自己的思想精神境界，树立正确人生观、价值观。

作为企业中的一员，要想切实做到廉洁自律，就必须加强对国家法律、公司相关廉洁从业法规的学习，加强自己的法律知识，加强个人道德修养，从思想意识上树立和发扬清正廉洁的高贵品质。倘若我们连怎么样做才是廉洁都不知道，

又谈什么廉洁自律呢？只有对廉洁从业的各项法律和企业规定熟记于心，我们才能够用这些行为标准来要求自己。

除了要加强学习，我们还必须提高自己的思想境界，树立正确的人生观、价值观。我们每个人都有追逐利益的本能，这无可厚非。然而"君子爱财，取之有道"，如果我们总是希望在获得利益的道路上找"捷径"，通过腐败去获得不义之财，那么这笔财富也绝对不会长久，甚至会将我们彻底埋葬。我们要在心中树立起这样的观念，只有通过正当渠道获取的利益才是属于我们的，才能给我们带来更好的生活，我们也才能受之而心安理得。因此，我们决不能迷失在追逐利益的路途上，否则只会掉进利益埋下的陷阱。

（2）培养自身良好职业道德。

一个人如果没有良好的职业道德，就不能干好本职工作，心思也不会放在本职工作上，而是会想方设法为自己捞好处，见利就图，有乐就享，最终会害了自己和企业。其实对于每个员工来说，无论在什么样的岗位上，我们都应遵守职业道德中最基本的一条原则，那就是恪尽职守、秉公无私。我们只有做到廉洁自律，才具备了最基本的职业道德。对于那些见到利益就会不择手段据为己有的人来说，他们一定不具备端正的职业道德思想，最终也会深受其害。只要我们在工作中恪守职业道德，腐败就不会发生在我们身上，因为职业道德会在思想上给我们敲起警钟，警示我们廉洁自律是我们必须要坚守的原则。

（3）不放过任何小节。

有些时候在面对大是大非上，我们都能够做到廉洁自律，不碰触法律和企业规章制度的底线。然而对一些工作上的小事，有时却不以为然，认为为自己谋得一点私利也未尝不可。殊不知，多少因为腐败而遗臭万年的"巨腐""巨贪"，最初都只是想获得一些小小的利益，然而一旦我们进行过这样的尝试后，心中的贪念也将一发不可收，最终会走上腐败的不归路。因此，在廉洁自律的问题上，每个员工都不能放过任何小节，不要给腐败思想任何可乘之机。只有在每一件小事上都秉承廉洁自律的思想，我们才能够杜绝心中的贪念。

第三章　坚守企业道德，打造诚信、守法、感恩、廉洁的优秀企业

（4）积极参加企业开展的反腐倡廉活动。

对于每个员工来说，如果仅仅依靠自己的思想觉悟有时可能难以抵挡外界的诱惑，因此我们还需要通过参与反腐倡廉活动来接受反腐倡廉教育，从而让自己警醒，提升自己的职业道德素养和思想觉悟。并且，只有我们积极参与到企业的反腐倡廉活动中，为廉洁自律文化的传播贡献自己的力量，这种文化才能更好地在企业中传播，带动我们身边的其他员工也自觉廉洁从业，让整个企业都能杜绝腐败，让企业有更长远的发展。

廉如深山幽兰，不言自芳；欲似长堤蝼蚁，无孔不入。多植荷花塘自清，勤读修身道自明。名节重于泰山，利欲轻于鸿毛。功名利禄，只不过是身外之物，品格道德，才是企业和企业中每个员工的立身之本。面对一叠叠强取豪夺的钞票，面对一张张后悔莫及的面孔，面对一滴滴发人深省的眼泪，面对一副副维护廉洁的镣铐，每个员工更应该惊醒，更应该严于律己。让我们乘着廉洁修身之舟，与企业一同驶向前程似锦的未来。

第四章

弘扬主人翁文化，企业的事就是自己的事

普通的员工把工作当成企业的事，疲于应付；优秀的员工把工作当作自己的事，乐此不疲。当我们以极强的主人翁意识对待工作中的每一件事情时，我们就成了企业的主人，也成了企业的中流砥柱。

1.

争当主人，汇聚企业强大的凝聚力

我们都知道，企业作为一个生产组织，其生产力很大程度上是由企业的凝聚力所决定。假如企业中的每个员工都能够劲儿往一处使，那么企业也将在发展的道路上大步前行；而如果企业缺乏凝聚力，员工像一盘散沙，企业就很有可能停滞不前，甚至出现倒退。

员工都希望自己身在一个具有强大凝聚力的企业。这主要有两个原因：一方面，一个具有强大凝聚力的企业能够让我们获得更多发展机会；另一方面，身在一个具有强大凝聚力的企业能让我们产生较强的集体荣誉感和自豪感，从而有助于激发自身的潜能。

说到汇聚企业凝聚力，一方面需要依靠企业通过制度、激励策略等方式提升凝聚力，另一方面也需要员工提升自身思想觉悟，帮助企业汇聚强大的凝聚力，而具体的方法就是争做企业的主人，让自己以高度主人翁意识投身到工作中去。

之所以说主人翁意识对于汇聚企业强大凝聚力有着重要的作用，是因为主人翁意识，是理顺企业内部生产关系，实现统一意志、集体奋斗的思想基础，也是充分调动员工能动性，挖掘人才潜力，增强企业凝聚力，提高企业战斗力，以不断适应市场经济需要的重要措施。主人翁意识能够让个人目标与企业目标达到一致性，试想如果我们把自己当作企业的主人，那么自然也就会把企业的目标当成

第四章 弘扬主人翁文化，企业的事就是自己的事

自己的目标。主人翁意识同时还能够让我们在个人利益和企业利益之间形成默契。当我们把自己当作企业的主人，自然就会以企业利益作为首要追求，而把个人利益放在其次。正因如此，主人翁意识能够让员工对企业产生强烈的责任心、使命感，让我们具备与企业同荣辱、共始终的价值追求，进而让企业产生强大的凝聚力。

主人翁精神，并不是说把自己当成企业的主人这么简单，而是以一种与公司血肉相连、心灵相通、命运相系的感觉，去做好每一件事情，去面对每一项工作，在每一个成功或者失败的经验里面，渗透出企业以及个人共同的精神气质。

（1）做到企业事务我知晓。

要想培养自己的主人翁意识，争当企业主人，首先就必须做到去关心了解企业中发生的事情。只有主动去了解企业每天发生的事，才能够从中了解企业目前所处的状态，以及企业将要面临的任务和挑战。这样我们就能够调整好自己的状态，与企业一起迎接将要到来的任务与挑战。此外，只有了解企业每天发生的事情，才能够发挥自己的主观能动性，对企业的发展产生自己的想法，并将这些想法在实践中进行尝试，进而通过自身的努力感染周围的员工，让每个人都自发参与到关心企业事务，为企业出谋划策，进而提升企业的凝聚力。

（2）做到企业制度我参与。

每个企业都有自己的规章制度，而作为企业的员工，我们除了要以身作则遵守这些规章制度外，也应该努力参与到规章制度的制定和优化工作上。既然我们想要争做企业的主人，那么自然也应该为企业制定出更科学的规章制度贡献自己的力量。而且作为企业的员工，我们在帮助制定规章制度上还有着得天独厚的优势。由于大部分员工都处在一线工作岗位，更容易发现规章制度在执行时可能存在的问题和漏洞，就可以提出相应的合理化建议，帮助企业制度得到更好优化，让制度更符合企业生产的实际需要。并且在这一过程中，广大员工集思广益，亲身感受到参与了企业的管理，也就大大增强了企业凝聚力。

(3) 做到岗位知识我学习。

对于每个员工来说，体现主人翁意识的最好方式就是做好自己的本职工作。而做好本职工作的一个基础，就是掌握全面的岗位知识，并通过不断学习与时俱进，不断更新自己的岗位知识，让自己在岗位上发挥最大的作用。当我们表现出这种学习的热情时，所有人都会对我们把自己当作企业主人的精神深信不疑，我们也就能将这种主人翁意识在企业中传播和弘扬。

(4) 做到企业规章我执行。

每个企业都需要依靠规章制度来规范员工的行为，从而实现企业管理和内控机制，让企业在一个良性循环中得到更好发展。作为员工，如果我们真正把自己当作了企业的主人，那么就应该从自身做起，严格执行企业规章制度，保证企业内部的良性循环。倘若我们连企业最基本的规章制度都不去遵守，又怎能说把自己当作了企业的主人。倘若人人都不去遵守企业规章制度，那么企业内的员工就无异于散沙一盘，又何谈企业凝聚力？当我们每个人都在企业规章制度的约束下向着同一目标去努力时，我们企业的凝聚力自然也就空前强大。

主人翁精神是企业发展的根本动力。在平凡的岗位上，我们每个员工都要以企为家，把个人追求与企业发展紧密结合，充分体现自己的主人翁意识，盯紧企业发展目标，在工作中不断地超越自我，锻炼自己的能力、施展自己的才华、挖掘自己的潜力。我们只有通过自身的主动影响带动其他人，通过自己的岗位工作去激活整条战线，企业才能形成促进生产经营的生动局面，才能汇聚强大的凝聚力。

2.

摆正位置，我就是企业的一分子

每个员工在企业中所处的岗位都不尽相同，而这些岗位的性质难免也会对员工的心理产生一些影响。不过，无论在企业中身居何种岗位，都一定要铭记这样一个道理：职位有高低之分，岗位却没有贵贱之别。

在很多企业中不难发现这样的现象，有些身处"要职"的员工自觉高人一等，于是总会以一种错位的"优越感"凌驾于他人之上；而有些员工则是在获得一定成就或是表扬后沾沾自喜，开始变得目中无人。不管是哪种情况，这种不平等的观念无论对于员工个人还是企业的整体凝聚力都是有巨大危害的。

身为企业员工中的一员，如果希望自己能够在企业中有更好的发展，能够创造出更大的价值，那么首先就要从自身做起，在工作中摆正自己的位置，即把自己当作企业中普普通通的一分子。只有这样，企业员工间才能形成公平、平等的和谐氛围，我们也才能够在这样的氛围中实现工作上的更大突破。

崔浩是北魏名臣，才智过人，文武兼备，在北魏做官五十多年，经历道武、明元、太武三朝，官至司徒，位列三公，辅佐太武帝灭大夏、亡北凉、取北燕、抗柔然，为北方的统一以及北魏政权的巩固与发展立下了不朽功勋。

弘扬企业文化　争做优秀员工

北魏入主中原后，非常重视汉族知识分子，这引起了鲜卑拓跋贵族的不满。特别是当崔浩从全国各地选拔了50多名人才而其中大部分是汉族知识分子，要派往各地担任郡守时，激怒了拓跋贵族。当时监国的太子拓跋晃，也指出这么做不合适。太子认为应该优先使用前面选拔的储备人才，刚选拔的这批人可先安排郎中之类的适当位置锻炼后再说。

太子的建议是很有道理的，可是崔浩自恃功高盖世，固执己见，非要和太子分个高低。崔浩公然与太子叫板，当朝皇帝当然也不高兴。后来，拓跋贵族终于借崔浩主持编纂《国史》辱没北魏先皇为由，告发了他。公元450年夏，名震南北的北魏权臣崔浩终于在这场浩劫中倒下了，落了个灭族而亡的结局。

摆不正自己的位置对于一个人来说影响是难以估量的。能摆正位置的人，往往才能成为命运的宠儿。同样对于企业来说，只有能够摆正自己位置的员工，才是企业真正需要的员工，因为只有这样的员工才能给企业持续带来价值，促进企业的发展。

想要做到摆正自己的位置，就需要我们员工从自身出发，摒弃自己的错误观念，以客观、实事求是的态度对自己进行分析，以符合企业核心价值观作为指导自己工作行为的唯一标准。想要做到这一点，我们就必须从以下方面出发，调整自己的认知。

（1）把企业的核心价值观作为自己行事原则的唯一导向。

很多时候，我们之所以摆不正自己的位置，恰恰是由于受到了外界的影响。例如当我们在工作中取得成绩获得表扬时，难免会产生骄傲的心理；而当我们在岗位上默默无闻工作而看似不受重视时，也难免会消极起来。其实这种以外界刺激作为自己定位标准的认知是不正确的。作为企业中的一员，我们在工作中唯一的行事标准就应该是企业核心价值观。别人怎么看待你的工作不要紧，要紧的是自己要坚持自己的原则，自己的原则来自于企业树立的方向。因此，我们需要深

第四章 弘扬主人翁文化，企业的事就是自己的事

刻学习企业的核心价值观，并用核心价值观中倡导的理念去指导自己的工作，只有这样我们才能够客观地给自己进行定位，摆正姿态，在岗位上发挥出自己最大的价值。

（2）认识到行动是实现价值的唯一途径。

有些员工在通过兢兢业业的努力获得一定成绩后，由于受到了来自外界的嘉奖和赞赏，于是就盲目认为自己的价值已经得到认可，可以依靠这种认可在企业中"肆无忌惮"。殊不知，我们在企业中想体现自己价值的唯一方式就是通过实际行动努力完成岗位工作，努力为企业的发展贡献自己的力量。只有每个员工都用实际行动去证明自己的价值，才能让自身得到提升，才能让企业产生巨大凝聚力。而如果每个人都自恃有功劳而不再愿意踏踏实实工作，那么曾经的成绩也将毫无意义。

（3）愿意与他人合作，并且愿意分享功劳。

在企业中往往有这样一些人，他们自觉才能超过他人，也确实在工作中更善于创新思考，于是他们不愿与其他员工合作，甚至怕别人抢了他们的功劳。然而这样的员工通常在企业中不会创造出很大价值，也不会被企业所重视。一个人的能量再大，终究不过是一个人，企业不可能依靠某个人获得发展赢得成功。在现今这个讲究团队合作的大局面下，即便我们拥有比他人更优秀的岗位能力，我们也要主动与他人寻求合作，并且与他人分享功劳。只有这样，我们才能够让自己的能力得到最好的体现，也让自己明白：单凭个人的力量并不能做出什么惊天动地的事情，只有依靠与他人合作才能创造巨大价值；也只有这样才能够让企业充满凝聚力。一加一大于二的道理，相信每个人都懂。

（4）永远保持谦卑，低调做人高调做事。

有些人之所以不能准确定位自己，主要是由于骄傲。我们要相信，当认为自己无所不能时，也就是大难临头的日子。在职场中有许多成功的人，他们成功的理由不尽相同，然而他们几乎普遍都拥有一种可贵的品质，那就是谦卑。只有保持谦卑，才能冷静审视自己，也才能够踏踏实实做好本职工作。在工作中我们要

不遗余力地展现自己的才能，然而当对自己进行评价时，不妨看"低"自己，多找到自身的不足。这样不仅能够有益于个人的发展，也让谦卑的姿态能够感染其他人，让他人愿意与我们一起合作工作，也愿意发自内心地认可我们的能力。

摆正位置是一种境界，也需要胸怀。实际工作中，每个人的角色都是相对的。面对领导，你是下级；在助手面前，你是上司。无论是什么样的角色，都要摆正自己的位置。

摆正位置需要我们尽心尽力做好分内之事，守好自家的摊子，不推诿，不扯皮，在其位，谋其"政"，成其事。

摆正位置需要我们始终保持清醒头脑，约束好自己的私欲，耐得住寂寞，顶得住诱惑，守得住清贫。不为名利所累，不为压力所动，不争名，不争利，不争权。

摆正位置需要我们与别人一起分赏成功的喜悦，工作上有成绩时要多想到组织的培养和同事的帮助，切不可"吃独食"，居功自傲，目空一切。

摆正位置需要我们善于换位思考，当朋友、同事、组织遇到难处的时候，要感同身受，挺身而出，主动分担朋友、同事和组织的忧愁痛苦。

只有每个员工都学会摆正自己的位置，把自己当作企业普普通通的一分子，才能够让我们的企业充满了公平与和谐的气息，才能够让企业、让自己在面临一项项挑战时攻无不克、战无不胜。

3.
规范自己的言行，做企业形象的"代言人"

企业形象对于企业的生存和发展有着重要的作用，也是企业文化和企业精神最好的体现，每一个企业都极力维护自己的企业形象，让企业在社会和人们心中有着良好的印象。

企业形象除了依靠企业自身的宣传和维护外，主要还是通过员工的行为来体现，因为企业员工是企业行为的实际实施者，也是企业精神和核心价值观的实际载体与传承者。因此，作为一名优秀的企业员工，我们有义务通过规范自己的言行来为我们的企业形象代言，做一名合格的企业形象"代言人"。

"早上好，买些什么？"一个清亮的声音在耳边响起，循声望去，一位年约四十的女子围着围裙站在熟食车后面，用询问的眼光望着她的顾客，脸上的笑容热情洋溢。

这家店的格局与常见的便利店无异：5平方米左右的店面整齐有序地陈列着各种商品，熟食车后面1平方米左右的区域是工作活动空间。

便利店的工作重复单调，工作人员大多面无表情，仿佛每个人都是机器人，职责仅是与消费者完成钱货两清的交易。很多前来购物的顾客第一次见到这样的笑脸都会颇为错愕，其实他们不知道，这个女子已经把整栋大厦变成了她的熟人社区。

便利店所在的大厦属于三星写字楼，共36层，广告、护肤品、酒店等多个行业的公司在此办公，很多职场人在电梯里朝夕相见，却人人都患有"城市病"，鲜少沟通，唯独在这家小小的便利店，可以听到家常互动。"怎么加班到现在才下来买吃的？不要饿坏了身体。""最近公司新上了项目，忙死了！""老板没走你就走？不怕被老板开除啊。"俨然朋友间的对话，或娇嗔或微怒。

这个店员总在适当的时候向顾客推销产品。"办个会员卡能便宜不少，省下钱奖励自己下午茶也好。""奶茶两瓶有优惠哦。"……很少人能抗拒这种熟人建议。"又被楼下便利店的'忽悠'多买了一瓶奶茶。"很多人在到楼下买下午茶回来后都会开玩笑式地"抱怨"一句，但每次都会比预计多购买某些商品。这一切关系的建立都在于这名店员对每一位顾客坚持的问候和微笑，无论对方冷淡以待还是热情回应，这种坚持冲破了人与人间的第一道隔阂，很多人也因此对这个连锁便利店有了非常良好的印象，甚至在别的地方想要买东西时也会首先看看有没有这个品牌的连锁便利店。

正是这名店员通过自己全心全意的工作态度，让便利店获得了比打广告毫不逊色的宣传效果，也让自己优秀的品牌形象深入人心。其实对于我们每个员工来说都是如此，倘若我们能够全心全意地投身到自己的本职工作中，那么企业也必然会因为我们优秀的工作态度和表现被他人所称赞，而我们当然成为了企业形象合格的"代言人"。

诚然，为我们的企业形象代言，并不像我们日常出门前的打扮那样容易，我们更多需要提升自己内在的品质和内涵，并通过实际行动将自己的这种优秀内涵体现出来，进而向社会和他人展现我们作为一名员工的独特风采。

第四章 弘扬主人翁文化，企业的事就是自己的事

（1）深入理解企业核心价值观是为企业"代言"的第一步。

每个企业的企业形象都与企业文化中所宣扬的核心价值观息息相关，每个企业也力求自己的企业形象能够向社会和他人传达这种价值观。因此作为企业的员工，我们就必须深入理解企业的核心价值观，知道我们企业究竟希望保持什么样的企业形象。我们必须加强对企业规章制度的学习，加强对自己岗位要求的理解，明白自己在工作中需要规范哪些言行。只有这样，我们才能够在企业核心价值观指导下通过规范自己的言行为我们的企业"代言"，否则很可能适得其反。

（2）提升自身素质，培养全方位优秀的职业素养是为企业"代言"的最关键一步。

通过什么样的方式最能提升我们的企业形象，最能让社会和他人直接了解到我们企业的核心价值观呢？答案是：通过每一个员工优秀的职业素养，通过全方位的职业能力把自己的工作做到最好。把岗位工作做好是每个员工最基本也是最核心的任务，其他人当然也会首先从这个方面来考量我们，通过我们的表现来了解企业的整体形象。假如我们在工作中表现得认真负责、尽心竭力，并对工作投以极大的热爱，那么在他人眼中我们的企业一定拥有非常优秀的企业文化，自然也就会给我们的企业形象加分；反之，如果我们对待工作只是敷衍了事，或是由于自己的职业技能不过硬而失误频频，那么也会给我们的企业形象抹黑。

因此，我们必须通过不断学习强化自己的职业能力，通过实际工作不断锻炼自己与他人沟通的技巧，通过经验和教训强化自己的认知和应变能力。只有这样，我们才能够全方位地提升自己的职业素养，也才能够有能力在工作中以最恰当的行为完成工作，以优异的工作表现来让我们的企业文化和核心价值观得到最好弘扬。

（3）与企业共同成长是为企业"代言"不可忽视的一步。

企业会通过不断努力成长与发展，而在不同的发展阶段企业需要的形象可

能会有所变化,也会对作为企业形象"代言人"的员工提出更高要求。因此,我们必须让自己跟上企业发展的步伐,让自己的发展与企业的发展保持同步,不断思考自己如何才能帮助企业提升企业形象。比如,在企业发展的初期阶段,我们更应表现出谦虚、好学、谨慎的态度去努力完成自己的工作;而如果企业已经发展到极其成熟的阶段,企业文化也已经发展到较高的水平,我们就要更多地在工作中表现出自信、稳重、成熟的态度。只有这样不断审时度势,跟上企业成长的步伐,我们才能通过符合企业发展不同阶段的需要来促进企业形象得到提升。

(4) 向企业模范员工学习靠拢是为企业"代言"的坚实一步。

很多时候,可能并非所有企业员工都了解企业发展所需要我们表现出的行为方式,我们希望为企业形象提升贡献自己的力量,然而却不知道从何处着手。此时,我们完全可以向企业宣传的模范员工进行学习,向他们的思想境界和行为方式靠拢,甚至可以直接向他们"取经",询问如何才能够全面提升自己的职业素养;如何才能够帮助企业维护和提升企业形象,成为企业的合格"代言人"。这些模范员工的经验是我们最好的"铺路石",能够让我们避免走弯路,避免因为不恰当的理解让自己的言行不但无益于企业提升形象,甚至给企业形象带来不可挽回的损失。

每个员工都应该意识到,工作中的一言一行不仅仅代表我们自己,同样也代表着我们身处的企业。只有通过规范自身的言行,我们才能够给企业形象带来提升,也才能够成为一名合格的企业形象"代言人"。

4.

积极为企业出谋划策

企业就像一条大船，而我们就好像船员，企业这艘大船要想在波涛汹涌的海面平稳前行，就需要作为船员的每一名员工去努力。而如果想要让承载我们的这艘企业"巨轮"能够航行到更远的地方，就需要每个员工积极为企业出谋划策，让企业不断优化改革，从而走上最平稳的"航线"。

可能在很多时候，员工会觉得为企业出谋划策制定方略、制度是企业领导的责任，员工只需要各司其职。然而实际上并非如此，企业员工积极出谋划策对企业发展有着重要的作用。

一方面，大多数员工位于企业的基层一线岗位，对于自己的岗位工作有着非常深入且实际的理解，因此往往能提出一些独到的见解，尤其对于企业从细节开始进行优化改革有着重要的意义。企业高层领导可能对于从宏观上制定企业发展策略比我们更有经验，然而倘若从微观去看，从细节去着眼，员工往往更有发言权。而企业对于细节的深化改革一定程度上决定着企业的命运，也决定着员工的发展，十分重要。

另一方面，积极为企业出谋划策也有助于培养员工自身的能力，尤其是领导能力与企业大局观。要知道，企业的领导很多都是从员工中选拔出来的，而只有努力提升自己的领导能力和大局观，企业的领导层才能够有人可用、有人可选，企业也才能通过人才的不断涌现得到发展，而我们也才能因此为自己赢得发展机遇。

当然，为企业出谋划策除了需要积极的态度，同样也需要我们拥有一定的能力，并知道为企业献什么样的计策才是最有利于企业发展也符合企业现实情况的良策。

(1) 全面领会企业文化所推行的企业核心价值观。

不管企业推行什么样的策略，进行什么样的改革，首先一点就是要以企业核心价值观作为核心指导原则，任何制度的制定和策略的提出都必须以符合企业核心价值观作为前提。因此，员工若想为企业提出有实际意义的计策，首先就必须通过深入了解企业文化，全面领会企业的核心价值观，并在核心价值观的指导下发挥自己的主观能动性提出一些合理化的建议。因为只有符合企业核心价值观的建议才能够促进企业的发展，也只有这样的策略才有被企业接受的可能。

(2) 强化自己的岗位技能和职业素质，给企业提出更"专业"的建议。

一般来说，员工能够为企业出谋划策的地方，主要就是关于我们自身岗位工作方面的，因此我们只有具有过硬的岗位技能和职业素质才能够对自己的本职工作和岗位性质有更深刻的认识，也才能够提出最"专业"最让企业受用的计策。倘若我们对自己的本职工作和岗位需求尚且一知半解，那么提出的计策很可能就会非常不成熟，也十分片面，甚至对企业产生误导。

(3) 培养自己的创新意识，好的建议离不开创新。

我们都知道，企业的发展离不开创新，而这种创新一方面体现在员工对于本职工作范畴内的创新，另一方面则体现在对企业制度和策略的创新。如果我们每个员工只是按部就班地按照企业原本的制度和策略去工作，那么也很难为企业提出有建设意义的计策。我们需要在工作中积累经验和认识，再发挥自己的主观能动性寻求更优秀的应对方法，并从中发现企业原有的制度与策略中存在的不足，只有这样，我们才能够提出对企业发展能真正产生巨大作用的优秀计策。

第四章 弘扬主人翁文化，企业的事就是自己的事

当然，要想在为企业出谋划策时充分发挥自己的创新能力，就需要我们在日常工作中不断学习，仔细观察，善于钻研。对于已经发现的有关企业制度和策略上的问题，我们也要刨根究底，结合自己的实际工作来设法弄清到底是哪里出了问题、如何才能解决这一问题等。创新就是在这种不断地探索中孕育而生的。

（4）学会站在更高的位置上思考，以领导的思维出谋划策。

对于每个员工来说，为企业出谋划策的过程中存在的最大阻碍，可能就莫过于作为员工的思想局限性。很多时候，我们在为企业出谋划策时，往往仅仅站在了自己的位置上去思考，这样所产生的计策往往具有片面性，不能完全照顾企业整体发展的各方面需要，因此往往也难以起到良好的作用。在为企业出谋划策时，我们必须让自己学会用更敏锐的眼光去看问题，用领导的思维模式去考虑问题，这让我们能够更全面地剖析我们所发现的企业制度和策略上可以优化的地方，也让我们提出的建议能够全面照顾企业发展的各方面需要，成为真正具有实际指导意义的建议，让企业在这种建议指导下优化改革，得到更好发展。

（5）建立自信，坚信自己的建议对企业能够起到帮助作用。

有些时候在实践工作中积累的经验和发现的问题，可能已经为我们积累了足够的"素材"去帮助企业出谋划策，然而很多对企业很有帮助的策略却最终仅仅停留在了我们的脑海中而没有说出来，究其原因还是很多员工害怕自己提出的建议会被当场否决，认为自己并没有足够的能力提出能够帮助企业进步的建议。虽然我们仅仅是企业中普普通通的一名员工，然而这并不代表我们通过慎重思考的建议就没有意义，要知道企业的大部分领导曾经也和我们一样只是普普通通的员工。我们应当建立起充足的自信心，相信自己经过努力而得出的合理化建议能够帮助企业进步，也会被企业所认可。退一万步说，即便我们提出的计策并没有被采纳，或是存在一些片面性和不合理的地方，那对于我们自身也并没有损失。相反，我们能够通过这种经历让自己认识到自身不足，在将来考虑问题时更加全面慎重。努力培养自己的大局观和领导能力，我们的下一次出谋划策很可能就会对企业产生莫大帮助。

(6) 要明确自己为企业提出建议的范畴，不在力所不及的领域乱出计策。

对于企业来说，每个员工都踊跃为企业出谋献策无疑是一件好事。然而如果大家乱出点子，那么无疑也会给企业带来困扰。员工在为企业出谋划策时都要明确一点，就是自己所提出的建议究竟是不是与自己所了解的领域相关，是不是自己通过经验和岗位知识经过反复推敲而得出的稳妥建议。比如，有些员工身在一线生产岗位，却总是给自己不了解的管理岗位提出建议，这无疑会给企业带来困扰，自己由于建议不合理而经常不被采纳也会丧失积极性。因此，员工在向企业出谋划策时，一定要明白自己有能力提出建议的范畴，不做自己力所不及的事情。只有这样，我们才能够杜绝无意义建议，让企业不至于为筛选建议而耗费精力。

俗话说：三个臭皮匠赛过一个诸葛亮。何况我们员工并非"臭皮匠"而是具有聪明智慧的优秀工作者。因此，倘若我们能够掌握为企业提出合理建议的方法，积极为企业出谋划策，那么我们的企业一定能在这些计策的帮助下深化改革，实现更好更快的发展。

5.

不离不弃，与企业同舟共济

说了这么多关于弘扬企业主人翁文化的内容，相信现在每个员工都已经把自己当成了企业的主人。不过在这里我们应该扪心自问，我们真的承担起了作为企业主人应承担的全部责任了吗？如果当我们的企业面临困难时，我们是以"良禽

第四章 弘扬主人翁文化，企业的事就是自己的事

择木而栖"的借口悄然离去，还是会与企业同舟共济，共渡难关？

有句话说得好：患难见真情。如果我们真的把自己当作了企业的主人，真的具备了高度的主人翁意识，真正想要弘扬企业的主人翁文化，那么我们唯一的选择就是不离不弃，与企业共患难。打个简单的比方，假如我们自己的家遇到了困难，我们是选择努力去渡过难关，还是一走了之呢？答案当然是努力去渡过难关。因此，如果我们想要证明自己是企业的主人，想要展现自己的主人翁意识，就应该在企业遇到困难时也不离不弃。

在洛杉矶，有一名叫杰克的年轻人，在一家有名的文化公司工作，他的经理叫迈克·约翰逊，杰克的工作就是帮公司拉客户。

杰克刚进入公司的时候，公司运转正常，杰克工作得很开心。当时公司承担了一个大项目的建设，在全市的各大街道要做十多种广告，全市至少也有一千多个。全体员工对此惊喜万分，都全身心地投入到了工作中去。

可是，半年以后风云突变。在经过辛苦奔波、前期工作万事俱备的时候，公司却因资金缺乏，陷入完全停滞状态。别说给员工发工资，就连日常的开销也成了问题。约翰逊只有向银行伸出求救之手，但公司目前境况不妙，银行根本不肯贷款。

当约翰逊召集全体员工陈述公司的现状时，一下子人心涣散，坚守岗位的人员所剩无几，没有拿到工资的员工将经理的办公室围得水泄不通，见经理实在无钱支付工资，他们就将公司的东西分得所剩无几。

不到一个星期，公司只剩下屈指可数的几个人。有人来高薪聘请杰克，但他回答说："公司景气的时候，给了我许多；当公司有困难的时候，我总得和公司共渡难关，哪怕只剩下我一个人。"

事实就是这样无情，不久，公司只剩下他和经理了，约翰逊歉疚地问他为什么要留下来，杰克微笑地说了一句话："既然上了船，就应该

保护船，遇到惊涛骇浪更要同舟共济。"

　　街道广告属于城市规划的重点项目，他们停顿下来以后，在政府的催促下，公司将这来之不易的项目转移到另一家大公司。但是在签订合同的时候，约翰逊提出了一个条件：杰克必须在该公司出任项目开发部经理。约翰逊说："这是一个难得的人才，只要他上了你的船，就一定会和你风雨同舟。"

　　加盟新公司后，杰克出任项目开发部经理。原公司拖欠的工资，新公司补发给了他，总裁握着他的手微笑着说："这个世界，能与公司共命运的人才非常难得。或许以后我的公司也会遇到种种困难，我希望有人能与我同舟共济。"

　　杰克在后来的几十年时间里一直没有离开过这家公司，在他的努力下，公司得到了更为快速的发展，如今他已经成为了这家公司的副总裁。

　　一个具有高度主人翁意识，能把企业当作自己的家与企业共患难的员工，不管到哪里都会得到企业的重用，都能给企业的发展带来巨大的推动作用，因为在他身上闪烁着忠诚的光辉。

　　与公司同命运不是空洞的口号，更不是口头上的忠诚表示，而是体现在具体的行动中。任何企业都不缺少有技能的人，而是缺少与企业共命运的人。无数的企业都在努力寻找这样的人。但是，许多员工似乎从没有视企业的生存为自己的责任，一旦公司出现危机，这些人心里永远只有自己的利益，他们会以最快的速度跳下这艘"漏水的船"，而不会想着如何去抢救和保护它。这样的人也许能够谋取一份可以生存的工作，但永远也难以取得大的成就。

　　有些人可能认为这是危言耸听，其实不然。与企业共患难能够给员工带来很多稀缺的品质，也是提升我们能力的一次重要机会。如果面对这种情况总是逃避，那么我们很可能就错过了职业生涯中很多磨练自己的机遇。

　　首先，与企业共患难能够极大提升我们的主人翁意识，建立我们对于忠诚的

第四章 弘扬主人翁文化，企业的事就是自己的事

正确认识，这在现如今的职场中是最缺乏的。一个人要想体现出对企业更大的价值，就必须表现出异于常人的能力或品质，而极强的主人翁意识和高度忠诚恰恰就是一种异于常人的品质。能够与企业同舟共济的员工，往往比具备较高能力的员工更能受到企业的重视，因为这些人才是企业真正的"不动产"，是企业在危难关头能予以信赖的核心员工。倘若我们仅仅具有一定的工作能力，而当企业出现危机时就"大难临头各自飞"，那么企业绝对不会将重任交给我们。如果企业中的所有员工都是这样的想法，企业恐怕也很难渡过难关实现发展。

其次，与企业共患难能够极大提升我们的工作能力，锻炼我们坚韧的意志。我们都知道，困难是成功的阶梯。我们只有面对困难迎难而上，踩着困难的阶梯才能够登上成功的顶峰。当企业面临困难时，员工其实就迎来了机遇。倘若我们能够对企业不离不弃，与企业共渡难关，那么在面对巨大困难时我们往往能够激发自身的潜能，竭尽所能用自己所有的知识、经验与能力去应对它。这样一来，当困难过去我们也就获得了巨大提升。除了能力的提升外，与之俱来的还有意志力的磨练，如果当企业面对巨大困难时我们都能够坚持做好自己的工作，甚至做得更多，那么我们就会发现自己拥有了强大的意志，这种意志能够让我们在今后的工作中"无往而不胜"。

最后，从另一个角度来说，如果我们能够与企业同舟共济，帮助企业渡过难关，那么企业也将实现蜕变从而走向成功。在这样一个经历过磨难而继续前行的企业中工作，对于与它曾经共患难的员工来说前途也一定是光明的，因为他们与企业一同实现了蜕变，得到了共同进步。同时，这样的员工还会给企业带来浓厚的主人翁文化，感染企业中其他人，这让企业在将来的发展过程中有了与困难对抗的巨大资本，这样的企业怎么会没有光明的未来，它的员工怎能不成为不可多得的人才？

与企业一起乘风破浪，与企业同舟共济，既是企业对员工的要求，也是一个员工成长的必要条件。商业社会到处充满了竞争，充满了变化，员工只有站在企业的角度，与公司一起经历成长过程中的痛苦蜕变，才能够实现自己人生的蜕

变。只有与企业同甘共苦，共同经历风雨，把个人前途与企业未来紧密相连的员工才是真正具有主人翁意识的员工，才是真正能做企业主人的员工。

6. 兢兢业业，以卓越的态度对待每一项工作

对于很多员工来说，也许并不会遇到前面所提到的企业面临生死危机的时刻，可能也没有机会体会与企业共患难的过程。难道我们因此就无法展现我们的主人翁意识，发扬企业主人翁文化了吗？当然不是。其实并非只有在生死攸关的时刻主人翁意识才能得到最好体现。最能体现我们主人翁意识的往往就在平凡的日常工作中。倘若我们能够以卓越的态度去对待日常的每一项工作，做到兢兢业业始终如一，我们的主人翁精神就已经表现得淋漓尽致了。

有句话说得很好："我不能选择容貌，但可以选择表情；我无法选择天气，但可以选择心情。"同样，我们也可以说："我们无法选择工作，但可以选择态度。"对于工作来说，无论工作平凡或伟大，无论困难或容易，态度都将决定我们能够取得怎样的成果。卓越的态度可以使平凡变成伟大，平庸的态度可以使伟大变成卑微。可以说，态度决定了一切。

一个人无论从事何种职业，都应该竭尽全力，积极进取，尽自己最大的努力，不断追求进步。这不仅是工作原则，也是人生原则。一旦领悟了全力以赴地工作就能创造巨大价值这一秘诀，那我们也就掌握了打开成功之门的钥匙。倘若作为员工我们能处处以竭尽全力积极进取的态度工作，那么我们身处的岗位是什

第四章 弘扬主人翁文化，企业的事就是自己的事

么性质就已经不重要了，因为我们不需要工作岗位给我们带来荣耀，我们反而能给岗位和企业带来荣耀。

有一个年轻人去拜访毕业多年未见的老师。老师见了年轻人很高兴，就询问他的近况。这一问，引发了这个年轻人一肚子的委屈。他说："我对现在做的工作一点都不喜欢，与我学的专业也不相符，我的岗位也不重要，因此整天无所事事，工资也很低，只能维持基本的生活。"

老师吃惊地问："你的工资如此低，怎么还无所事事呢？你应该努力工作增加自己的收入啊！"

"我没有什么事情可做，又找不到更好的发展机会。"年轻人无可奈何地说。

"其实并没有人束缚你，你不过是被自己的思想抑制住了，明明知道自己没有在现在的位置上做出足够努力，那为什么不去再多学习相关的岗位知识，找机会提高自己呢？"老师劝告年轻人。

年轻人沉默了一会说："我运气不好，什么样的好运都不会降临到我头上的。"

"你天天在梦想好运，而你却不知道机遇都被那些兢兢业业工作和跑在最前面的人抢走了，你永远躲在阴影里走不出来，哪里还会有什么好运？"

老师郑重其事地说："一个对待工作没有卓越态度的人，永远不会得到成功的机会。"

就像这个老师所说的那样，如果我们不能首先对我们的岗位和企业报以卓越的工作态度，那么我们也不可能得到所期待的岗位和企业给予我们的回报。一个员工要想在自己的职业生涯上走得更远、更高，那么在自己的岗位上以高度的主

弘扬企业文化　争做优秀员工

人翁精神兢兢业业做好每一天的工作可以说是必须的过程，谁也不可能一步登天。

当然，兢兢业业地去完成我们的工作并不是让我们埋头"傻干"，在工作中我们也需要掌握相应的方法，只有这样才能够事半功倍、水到渠成，当我们的努力从量变积累到质变时，就会给我们也给企业带来巨大收获。

（1）大力发扬敬业精神，一门心思干工作。

许多人认为自己的工作低人一等，只是迫于生活的压力而劳动，或者认为自己做的是边缘工作，工作做得好坏无足轻重，在工作中总是得不到领导的欣赏，所以他们轻视自己的劳动，在工作中敷衍塞责、得过且过，没有将心思用在提高工作质量上。这是因为他们无法认识自己工作的价值。工作是没有高与低、重要与不重要之分的，不管现在从事的是什么职业，不管身在哪个岗位上，只有把自己的工作踏实认真地做好，才算对得起自己。我们的劳动成果代表我们所负责的那一部分工作的总体水平和效果，重要性是毋庸置疑的，做好了，自然而然地也就进步了。有的人则是没有认识到自己究竟应该做什么，该做的、不该做的统统包揽于一身，虽然忙得不亦乐乎，但却得不到预期的好结果。切记：把应该做的事认真做好，也就是要踏实做好自己的本职工作。

应当承认，由于分工不同，人们的职责有轻重，权力有大小。权力越大，就意味着责任越重，更应当兢兢业业地做好本职工作；同样，职位"低微"，也绝不意味着为人民服务的责任就轻了，作用就小了。因此，我们不管处于什么位置，都应当恪尽职守，乐于奉献。尤其是有些部门、有些岗位的工作十分平凡，也默默无闻，有的还相当清苦，这就更要求有奉献精神才能做好这项工作。一个人有了乐于奉献的崇高精神境界，就不会计较岗位和名利上的差别得失，就会扎扎实实地做好与本职工作相关的每一件事件。

我们每个人都应该以正确的态度对待自己的工作。工作不仅仅是谋生的手段，更是生活的必需——生活中的快乐所在乃至生命的意义。设想如果一个人无所事事、游手好闲，虽然摆脱了工作的压力，不用为了生活劳累奔波，享受了游

第四章 弘扬主人翁文化，企业的事就是自己的事

戏人生的悠闲，可却感受不到生活中的归属感，工作时的满足感，成功时的成就感，那也就失去了人生的意义。我们要端正工作态度，把心沉下来，兢兢业业做好本职工作。不论从事何种工作，都要以爱岗敬业为前提，干一行、爱一行，全身心投入工作，这样才能有所作为。在工作中更要不断学习，并能学以致用，循序渐进地提高自己的业务能力，实现自己的价值。相信是金子总会有发光的一天。

（2）要大力发扬责任意识，敢抓敢管干工作。

在工作中，责任要求我们对所从事的事业满怀崇敬和热爱，以高度的热情和事业心投入本职工作，实现工作的卓越和自我的超越。责任是我们的立业之本，是组织最需要的一种精神品质。在职业生涯中，对工作负责是最基本的要求。可是我们常常能听到这样的话，"这不归我管""我尽力而为吧""我很忙，实在没时间想那么多""领导，我看过了，没办法"。其实很多时候的很多事，并不是不会做、没办法做，而只是不想对做事的结果负责。这时候，我们就应该认真思考：我为谁工作？为自己还是为别人工作？为别人工作，我们能有几天的热情？所以讲，每个人都是为自己在工作。认真工作的人才是真正的聪明人，因为今天工作不努力，明天就要努力找工作。既然为自己，有什么理由不去干好呢？

（3）要大力发扬务实作风，在务实中求创新。

履行职责做好工作，是衡量我们是否兢兢业业工作的主要标志，也是我们能力、水平的体现。领导根据工作需要和我们的实际工作能力水平，分配好每个人的工作职责和任务，我们就要认真履行职责，立足本职，不断提高工作能力。对自己、对领导、对单位负责，重点抓好以下几点。

①明确自己分内职责的内容、范围、权限。要明确自己应该做什么，以什么为工作中心，从而树立全心全意工作的责任态度，同时明确职责内容与权限的协调关系，对可能涉及到领导工作范围的，要善于掌握一个"度"，即多请示、多汇报，对领导没有授权的，不能轻易越权处理、说话表态。

②具备良好的大局意识,提高工作效率。对于工作完成的结果,没有最好只有更好。但是因为受到能力、精力、经验等因素的限制,无法面面俱到。这就要求我们既要独立自主又要团结一致,具备大局意识。全局上下必须是一个整体,相互协调互助。分内工作要相对独立,按时完成。

③积极主动,刻苦工作。刻苦工作是做好分内工作的根本途径,对分内职责的、领导布置的工作一定要在要求的时限内落实结果,不怕困难,发扬刻苦工作的优良传统。要培养自己独立处理工作事务的能力,积极主动,勇于向领导提供切实可行的意见,发挥自己的作用,接受的任务要有"到我这就到顶"的精神,不等不靠。不能把工作落实的程序搞反了,不能是你出题目,让领导填空。应该克服对领导的依赖心理——什么事情都要等领导拿主意,做决定。

④谦逊好学,与时俱进。谦逊好学是自古以来推崇的美德,一个人的知识和见识都是有限的,要适应社会的竞争,就要善于学习和借鉴他人的经验和成功之处,高瞻远瞩,寻求效率最高的方法、技巧和途径。因此,我们必须谦逊好学,学习高效处理工作的思维方法,学习企业骨干的经验和方法,学习周围同事敢于拼搏勇于创新的精神,与时俱进,在交流中总结出更好的方法和对策,达到提高自身素质和工作效率的目的。

⑤全面发展,联系实际。大部分企业的业务种类繁多,互相联系,密不可分。作为企业的一员,仅仅掌握本职工作的知识是远远不够的,因为知识单一不但会阻滞工作的开展,而且无法对工作提出更高的要求和创新的建议。只有全面发展,了解企业各个方面的基本业务知识,熟悉工作的全过程,才能在头脑中对企业的业务有个全面的了解,同时把掌握的知识联系到实际的工作中,坚持对知识理论验证,总结出有实效的工作方法。不积小流,无以成江河,在广阔的知识海洋中我们要树立坚持学习的原则,从点滴做起,坚持不懈,全面发展,营造学习的氛围。同时把掌握的知识灵活地运用到实际工作和生活中,达到提高自身素质和职业技能的目的,并且力求做到组织上把我放在哪个位置都能胜任,都能干出精彩的业绩。

第四章 弘扬主人翁文化,企业的事就是自己的事

(4) 要大力发扬奉献精神,乐于艰苦奋斗。

我们的一切工作都是"服务",为客户服务,为企业和国家服务。做好本职工作,就是要做好服务工作。业务能力与服务质量是紧密联系在一起的,较强的业务能力可以说是优质服务质量的基石。那么业务能力从哪里来?从扎实的业务知识来,从不断的业务钻研中来,从不断提高的个体素质中来。有了较强的业务能力,才能把各项工作做到位,才能应对各类突发事件而处变不惊、随机应变,从而把最优质的服务奉献给社会,奉献给事业。优质的服务质量和工作效果可以说就是第一竞争力。

要达到工作的真境界必须愿意为自己的工作奉献自己的全部,一个不肯为本职工作做出奉献的员工,也绝不可能把工作做好。一个人即使没有一流的能力,但只要拥有兢兢业业的工作态度同样会获得人们的尊重;如果没有基本的敬业精神,即使能力无人堪比,也一定不会得到企业的重用。

世界石油大王洛克菲勒年轻时在石油公司工作,既没有学历,又没有技术,被分配去检查石油罐盖有没有自动焊接好。这是整个公司最简单、枯燥的工序,同事戏称"连三岁的孩子都能做"。每天洛克菲勒看着焊接剂自动滴下,沿着罐盖转一圈,再看着焊接好的罐盖被传送带移走。半个月后,洛克菲勒忍无可忍,他找到主管申请改换其他工种,但被回绝了。无计可施的洛克菲勒只好重新回到焊接机旁,他想既然换不到更好的工作,那就把这个不好的工作做好再说。

洛克菲勒开始认真观察罐盖的焊接质量,并仔细研究焊接剂的滴速与滴量。他发现,当时每焊接好一个罐盖,焊接剂要滴落39滴,而经过周密计算,实际上只要38滴焊接剂就可以将罐盖完全焊接好。经过反复测试、实验,最后洛克菲勒终于研制出"38滴型"焊接机,也就是说,用这种焊接机,每焊一个罐盖比原先节约了一滴焊接剂。就这一滴焊接剂,一年下来却为公司节约出5亿美元的开支。年轻的洛克菲勒

弘扬企业文化　争做优秀员工

就此迈出日后走向成功的第一步,直到成为世界石油大王。

只有肯为自己的岗位和工作奉献,我们才能够踏踏实实把心思放在自己的本职工作中,也才能够在工作中发现别人所发现不了的真知,从而给企业实现突破、给自己职业生涯实现突破创造出基本条件。

在工作中,有人常常喜欢为自己寻找理由和借口,不是抱怨职位、待遇、工作的环境,就是抱怨同事、上司或老板,而很少问问自己:我努力了吗?我真的对得起这份薪水吗?要知道,抱怨的越多,失去的也越多,而只有端正自己的态度兢兢业业、脚踏实地地去完成工作,以卓越的态度去对待工作,我们才能获得出人头地的机会,也才能够真正体现出主人翁精神,让自己称得上企业的主人。

第五章

弘扬制度文化，模范遵守企业规章制度

无规矩不成方圆。一个优秀的员工会将企业制度和纪律作为必须遵循的行为准则。让我们成为遵守企业规章制度的模范，让企业制度文化在我们的努力之下不断弘扬、不断发展。

弘扬企业文化　争做优秀员工

1.

敬畏制度，把制度作为自己的行为准则

  国家治理离不开法律，企业管理离不开制度。制度是一个企业价值观的体现，是企业文化的重要组成部分，是一个企业的上层建筑。制度可以将企业的管理理念"化虚为实"，可以将企业价值判断充分转化为企业的日常管理，融化在管理或操作的流程之中，固化于职工的思维意识里。制度不仅总结企业的过去，规范企业的现在，很大程度上影响着企业的未来。

  企业制度是企业管理的基石，是企业文化的一种外化表现形式，体现着企业的内在精神。除了烙有独特的企业特性外，它还是规范员工的价值标准和行为方式的准则。

  俗话说：没有规矩不成方圆。如果一个企业没有制度，在某一段时间也许也能有所发展，甚至在某一阶段、某一件事情上还会显得很有效率，但是从长远和整体上来看显然是不行的。因为一个没有制度没有纪律的企业事实上等于一个没有绩效没有生产力的企业。制度不但是企业的制度，更是悬在每个员工头上的"达摩克利斯之剑"。

  作为企业员工中的一分子，我们每个人都应该对企业制度心存敬畏，把制度作为自己的行为准则，这是我们做到遵守企业规章制度、维护和建设企业规章制度的前提。只有这样企业的制度才真正能够惠及企业，惠及我们自身。

第五章　弘扬制度文化，模范遵守企业规章制度

可能有些员工一直都对企业的规章制度怀有一些敌意，更不要说敬畏制度，他们认为制度是限制自己"自由"的枷锁。实际上，企业的规章制度不但不是为了限制员工，反而是为了帮助我们、保护我们而制定的，如果我们深刻理解了企业制度存在的意义，我们就会对它有全新的认识，从而发自内心对它充满敬畏。

首先，一个企业只有以制度作为前提，企业的生产力才能得到保障，而企业生产力是企业能否在竞争中得以生存的关键。作为企业中的一员，企业拥有什么样的生产力往往也关系到我们员工的待遇与发展。企业的规章制度是通过企业发展中经验的积累和对工作实际需要的科学总结而制定的规则。它一方面能够起到约束、督促员工在工作中尽职尽责的目的，另一方面也能够通过要求员工遵守规章制度而保证员工在工作中的效率和安全。

在英国将澳洲变成殖民地之后，因为那儿地广人稀，尚未开发，英政府就鼓励国民移民到澳洲，可是当时澳洲非常落后，没有人愿意去。英国政府就想出一个办法，把罪犯送到澳洲去。这样一方面解决了英国本土监狱人满为患的问题；另一方面也解决了澳洲的劳动力问题；还有一条，他们以为把坏家伙们都送走了，英国就会变得更美好了。

英国政府雇用私人船只运送犯人，按照装船的人数付费，多运多赚钱。很快政府发现这样做有很大的弊端，就是罪犯的死亡率非常高，平均超过了百分之十，最严重的一艘船死亡率达到了百分之三十七。政府官员绞尽脑汁想降低罪犯运输过程中的死亡率，包括派官员上船监督，限制装船数量等，却都实施不下去。

最后，他们终于找到了一劳永逸的办法，就是将付款方式变换了一下：由根据上船的人数付费改为根据下船的人数付费。这样一来，船主只有将人活着送达澳洲，才能赚到运送费用。

新政策一出炉，罪犯死亡率立竿见影地降到了百分之一左右。后来

弘扬企业文化　争做优秀员工

船主为了提高罪犯的存活率还在船上配备了医生。

可见，制度对于一个团队和一种生产行为有着多么重要的作用，因此企业生产力必须要依靠制度才能够得以保证。而保证了企业生产力的发展需求，实际上也就是保住了企业中每个员工的未来。

其次，作为员工，只有我们受到了制度的约束，才能够在工作中少走弯路、错路，才能避免很多不必要去承担的严重后果。在企业的规章制度中我们不难发现，除了保证企业正常生产秩序的部分，篇幅最大的可能就是对各个岗位上工作的要求。这些工作要求是经过企业日积月累的经验总结出的各个岗位如何干好工作的真知。而企业制度正是将这些经验与知识形成了一定框架，帮助我们更好地完成岗位工作。其实不难理解，我们身边但凡违反企业规章制度的人，最后都无法顺利完成自己的岗位工作，这证明企业的规章制度对于我们更好地完成岗位工作是大有帮助的。倘若没有规章制度来指导工作，我们很可能因为盲目地尝试和毫无约束的工作行为让自己走很多弯路，让工作多出许多困难，甚至给自己带来巨大的安全隐患。

最后，企业规章制度更能提醒我们有意识地约束自己的行为，而这有助于我们改掉自身的坏毛病，养成诸多有助于我们成功的优秀品质。在企业的规章制度中有很多对于我们员工行为的约束，而这些约束其实都是符合企业文化核心价值观的需要的，也是符合社会基本伦理道德需要的。无论是作为员工还是作为社会的一分子，这都是我们不能突破和逾越的底线。有了制度的约束，我们就会有目的、有意识地去改正自身性格和认知上的不足，努力提升自己的道德修养和思想境界，养成很多有利于我们获得进步和成功的品质，诸如勤奋、诚实、有责任心等。

说了这么多关于遵守企业规章制度给我们员工和企业带来的深远影响，相信每个员工都会对企业制度心存敬畏。也只有依靠我们的这种敬畏之心，企业制度才能得到更好地维护和执行，并且得到改进和发展，让制度文化在企业中得以传承，让我们和企业在制度的保护下实现共同进步。

2.

自觉遵守制度，绝不逾越

任何一种制度只有在实际行动中去遵守它，它才能够具有真正的意义。因此，我们每个员工不仅要对企业的规章制度心存敬畏，更要将它落到实处，在实际工作中自觉遵守制度，绝不越雷池一步。也只有这样，我们才能够保证自身工作的顺利进行，才能够弘扬企业的制度文化，让企业成为制度严明的高效企业。

国有国法，家有家规。一个国家、一个家庭、一个完善的组织，都有其独特的行为标准。我们都知道，缺乏明确的规章、制度、流程，工作中就很容易产生混乱。如果有令不行、有章不循，按个人意愿行事，就会造成无序的浪费和损失，这更是不可想象的。企业的规章制度就好像企业内部的"法律"，是我们每个员工必须要去遵守和执行的。

有一个故事，说七个人曾经住在一起，每天分一大桶粥。

可是，粥每天都是不够的。一开始，他们抓阄决定谁来分粥，每天轮一个。于是每周下来，他们只有一天是饱的，就是自己分粥的那一天。后来他们推选出一个道德高尚的人出来分粥。强权就会产生腐败，大家开始挖空心思去讨好他、贿赂他，搞得整个小团体乌烟瘴气。然后大家开始组成三人的分粥委员会及四人的评选委员会，互相攻击扯皮下来，粥吃到嘴里全是凉的。最后他们想出来一个方法：轮流分粥，但分粥的人要等其他人都挑完后拿剩下的最后一碗。为了不让自己吃到最少的，每个人都尽量分得平均。从此，大家快快乐乐，和和气气，日子越过越好。

可见，倘若人人都不去遵守规章制度，那么连分粥这样简单的事情都难以达到预期的结果。而企业作为一部复杂运作的"机器"，更需要我们每个员工从自身做起严格遵守规章制度，只有这样我们的企业才能够通过共同自觉遵守规章制度的员工所产生的合力不断向前发展。

要想真正做到自觉遵守规章制度、绝不逾越规矩，需要我们从以下方面着手。

首先，我们要端正自己对于企业规章制度的认识。很多员工之所以不愿意自觉遵守企业规章制度，甚至钻企业规章制度的空子，多半还是心存"抵触情绪"，认为规章制度就是企业为了限制我们员工自由或是为自己谋取利益的工具。其实规章制度中的相关规定，有一大部分实际上是保证我们员工利益的。而遵守规章制度确实对我们工作的事半功倍有着重要的作用，对保障我们的安全和利益也意义重大。因此，我们必须正确看待企业的规章制度，不要把它当作"敌人"，而是要当作帮助自己更好完成岗位任务的"朋友"。只有这样，我们才可能发自内心愿意去遵守规章制度，即便在无人监督的情况下也能做到遵守规章制度。

其次，我们还需要端正规章制度在自己心中的地位，要把规章制度当作"法律"，而不是遵不遵守都无所谓的规定。我们要通过对企业规章制度的不断学习，了解规章制度背后的重要意义。同时，我们还要经常以以往的经验教训警示自己，时刻提醒自己违反企业规章制度的后果，把规章制度在心中当作"法律"，绝不去越雷池一步。

此外，我们还要将规章制度落实到我们的每一项工作中，哪怕在细微之处，

第五章 弘扬制度文化，模范遵守企业规章制度

也要做到绝不违反企业规章制度。有些时候，有的员工之所以明知规章制度不可违反，还是明知故犯，就是因为他们认为在一些细微的小事上违反规章制度不会产生什么严重的后果，在小事上不把规章制度当回事。其实这样的想法是非常危险的，大的问题都是由小的问题积累而成的，在小事上违反企业的规章制度，将来很可能就会在重大的工作中犯错误，导致严重的后果。在小事上不重视企业规章制度，还会养成不遵守制度的坏习惯，这种习惯一旦养成就会在无意识中违反企业的各种规章制度，最终可能导致难以预料的恶果。

最后，在自觉遵守规章制度的问题上，我们还要做到持之以恒。对于每个员工来说，遵守规章制度都是要始终贯彻执行的工作原则。有的员工可能从一开始还能对制度严格遵守，但是在岗位上工作时间久了以后，对于遵守规章制度反而产生了懈怠。这主要有两个原因：一方面由于自己的工作能力增强，认为自己有违反规章制度也不引发后果的"资本"；另一方面认为有些规章制度是"多此一举"，在实际工作中根本没有意义。一旦有了这样的想法，那么我们曾经严格遵守企业规章制度的努力也就全部没有了意义。只有持之以恒坚持遵守企业的各项制度，我们才能够始终受到制度的保护，也才能够在工作中排除诸多隐患，让企业和我们员工在未来的路上走得更加平稳。

我们从儿时开始就知道遵守各种制度的重要性，很多人在学生时代尚且能够遵守校规校纪，当走入更复杂多变、更加"凶险"的工作环境中时，我们更应该严格遵守企业的各项规章制度。每个人都应该把自己当作一列快速行驶的列车，而企业的规章制度就是车轮下的铁轨，要知道在任何时候"出轨"导致的都将是无法预料的灾难；唯有遵守规章制度，绝不越规矩一步，我们才能平稳快速地行驶在自己的职业道路上。

弘扬企业文化　争做优秀员工

3.

严格执行制度，人人平等，杜绝特例

前面我们已经提到了制度的遵守和执行，说到执行我们就不得不说严格执行企业规章制度过程中最重要的一点，那就是要怀有人人平等、杜绝特例的执行观念。只有这样，制度才不会有被"破例"的可能，制度也才能够得到最大程度的维护，才能够在每个员工心中都有着较高程度的威严。

成功的企业都有一个共同的秘诀：拥有一套适合本企业和员工的优良的规章制度，并让所有人将其上千次地反复执行和坚持。而这种严格的执行和坚持背后的有力保障就是制度的公平性，一项制度只有对于每个人都是平等的，人人才能发自内心愿意去遵守。因此，作为企业中的一分子，我们每个员工都有义务也有必要去严格执行企业规章制度，维护制度的公平性，让制度文化在企业中得以长盛不衰。

一位国王得到了一个纯金打造的巨大鼎炉，决定将它作为王国的国宝，放在王国的中心供所有人景仰。但紧接着他遇到了一个难题：路人总是喜欢随手触摸国宝。这样一来国宝就失去了它原有的权威。

这时丞相出了个主意：将金炉烧热，这样就不会有人随意乱摸国宝了。国王按照这主意去做，由于金炉很烫，再也没有人不听劝告乱摸国

第五章 弘扬制度文化，模范遵守企业规章制度

宝了。这样过了一年后，即使不把金炉烧热，也没有人去摸了。

每个企业都有许多规章制度，因此如何维护制度的权威就成为企业及其员工必须正视的问题。想要解决这一问题，就必须在执行规章制度时遵循两个原则：即时性原则——当碰到热炉时，立即就被灼伤；公平性原则——不管谁碰到热炉，都会被灼伤。

作为企业的一员，我们要想做到时刻严格执行规章制度，维护制度面前人人平等的原则，就需要从自身做起，让所有人看到自己严格执行企业规章制度的态度，这样也会感染周围的人，让大家都养成无论是谁都要严格执行企业规章制度的思维定式。

（1）要树立正确的观念，执行规章制度与我们的能力、职位都无关。

在有些企业中，之所以会发生企业制度执行不彻底，执行有差异，主要还是因为有些员工因为自己较强的工作能力或是身处较重要的岗位，于是自恃无须执行所有的规章制度，导致制度的公平性被破坏。作为员工，无论我们能力如何，也不管我们居于哪个岗位，都应该明白严格执行企业规章制度是最起码要做到的职业素养与道德操守。而违反规章制度除了要受到企业的惩罚，也会给我们自己带来巨大隐患。在制度面前，每个人都是渺小的，每个人都应该发自内心去严格遵守。

（2）要提升岗位素养，别在不经意间就违反了规章制度。

规章制度公平性得以体现的一个重要方面就是，无论有意无意，谁违反了规章制度就得被处罚。因此，要想做到严格遵守规章制度，我们在消除主观违反规章制度行为的同时，也要避免自己在无意间触碰企业规章制度的"红线"。这就要求我们不断提升自己的岗位素养，不断增强自己的岗位知识，对本职工作涉及的规章制度了然于心，总结在岗位工作中的经验教训，并在工作中时刻保持兢兢业业的工作态度。只有这样，我们才能够避免无意之间就违反了企业的规章制度。

（3）在做好本职工作的同时，也要抵制身边违反规章制度的行为。

为了保证企业规章制度的严格执行和公平执行，我们不但需要做好本职工

作，同时还要维护整个企业的大环境。当发现破坏企业规章制度的行为时，要敢于站出来进行制止，也要向企业上级反映情况。企业不可能时时都对每个员工进行监督，而有些人也并非时时都能做到自觉严格执行企业规章制度，此时就需要我们员工间的相互监督。当违反企业规章制度的行为发生并没有被企业监督发现时，如果我们视而不见，违反规章制度的人就会因为没有受到指责和制裁而屡次犯禁，进而带动更多的人违反企业规章制度，形成恶性循环；而如果一有人违反企业规章制度，其他员工就本着维护企业规章制度严格执行的原则，对他的行为进行制止或是进行举报，那么这种行为很快就会被杜绝，而企业制度文化也就能够得到更好传播与弘扬。

对任何企业来说，一套完备的规章制度都是必不可少的。但制度建立后的执行还需要我们每个员工以更大的努力和更多的坚持去维护、去完善。"制度面前人人平等"的道理谁都懂，但执行规章制度不一定谁都彻底。执行一次两次不难，难的是长期坚持执行。只有我们始终严格执行企业规章制度，维护制度的平等性，我们的企业才能够在这种人人严格执行制度的大环境下更好更快地发展。

4.

严于律己，从不放松自己

我们已经多次提到了自觉遵守企业规章制度，弘扬企业制度文化的重要性，相信每个员工也有意愿努力从自身做起了。然而，有些时候即便我们知道遵守企业规章制度的重要性，却还是在工作中尤其是一些小事上不自觉地去违反制度，

第五章　弘扬制度文化，模范遵守企业规章制度

究其原因还是在日常工作中没有能够做到严于律己。

古人云："其身正，不令而行；其身不正，虽令不从。"品高人自敬，行端人自从。只有我们每个员工做到严于律己，从不放松自己，才能够让遵守企业规章制度，尊重自己岗位责任成为我们的习惯。那么，在没有他人监督下能严以律己，靠什么？靠的就是自己的意念，靠的就是慎独。慎独就是要做到人前人后一个样，有监督和无监督一个样，八小时工作时间内和八小时以外一个样。

《宋史·查道传》中说：北宋人查道为人淳厚，秉性正直，曾任宋真宗的龙图阁待制。有一次，查道和随从人员外出时，途经一个枣园，随从人员就从树上摘了一些拿给了查道。查道要随从人员按价付钱，可此时不见枣树的主人，查道又急着赶路，于是，查道就按甜枣的质量，计算出甜枣的价钱，然后将应付的铜钱挂在树上才走。按说，当官的路过，随从在路边摘了一点甜枣，因枣树的主人不在而无法付钱，相信谁也不会说这个当官的有贪欲。可是这个名叫查道的官却硬要按照枣的质量计算价钱，并将应付的铜钱挂在树上，这种"小题大做"就叫自律。在人前人后同样严格要求自己，这样的人没有不被人称道的，这个故事也因此流传至今。

东汉杨震慎独的故事更是一个严于律己的好例子。杨震在担任荆州刺使时，发现秀才王密是个人才，便举荐王密为昌邑县令。后来杨震改任东莱太守，路过昌邑时，王密对他照应得无微不至。到了晚上，王密悄悄来到杨震住处，见室内无人，便捧出黄金十斤送给杨震。杨震连忙摆手拒绝说："以前因为我了解你，所以举荐你；你这样做就是你太不了解我了！"王密轻声说："现在是夜里，没人知道。"杨震正色道："天知，地知，你知，我知，怎么说没人知道！"王密听了，羞愧地退了出来。杨震为官公正廉洁，不接受私礼，其子孙也是蔬食步行、生活朴素。有些老朋友劝他置点产业留给子孙，他说："让后人被人称为

'清白吏子孙',用这样的好名声作遗传,不是十分丰厚吗?"

当然,要想做到像这些留名青史的人一样严于律己也并非一件简单的事情,但是只要我们每一个员工有这样的愿望和信念,并在实际行动中努力践行坚决遵守企业规章制度,我们也一样可以做得很好。具体说来,我们可以从以下方面着手。

(1) 过好小节关。

三国的刘备告诫他儿子:"勿以善小而不为,勿以恶小而为之。"一个人的演变往往是从小事开始的,开始是在小事上不注意严于律己,对违反规章制度从看不惯到见惯不怪,从不敢干到跟着干,从耍"小聪明"到以身涉险。"千里之堤溃于蚁穴"说的就是不注意小节的危害性。任何事都有一个从量变到质变的发展过程,平时不拘小节,小错就有可能酿成大错。明朝御史张瀚,上任之初拜见都察院长王延相。王延相对他说:"我昨日乘轿进城遇雨,从灰场到长安街时,一位穿了双新鞋的轿夫,开始很小心地择地而行,生怕弄脏了鞋子。后来,不小心踩在泥潭里,于是,他便不再有什么顾忌,什么地方都敢踩下去了。"不能始终保持对小节上的警觉,就很有可能像那个轿夫一样既然已弄脏了鞋子,那就破罐子破摔,没有什么好顾忌的了。

(2) 过好初次关。

人生贵善始。想要做到严于律己,始终不让自己放松,关键在于控制好"第一次"。把好了"第一次"的关卡,就掌握了主动,就能在各种诱惑面前始终坚守遵从企业规章制度的底线。在违反企业规章制度的问题上,只要有了"第一次",冲破了第一道"防线",就会"兵败如山倒",贪图小利、图省事、图便捷的思想就会占据我们的内心。很多人之所以即便知道企业规章制度的重要性却也难以坚持严于律己,都是因为"第一次"把关不严所导致的。

(3) 过好诱惑关。

之所以有人会违反企业的规章制度,肯定是这样做在表面看能够带来好处。

第五章 弘扬制度文化，模范遵守企业规章制度

倘若违反规章制度从一开始就不会带来任何好处，那么自然也就不会有人去这样做。因此，要想做到严于律己，我们就需要看透这些表面诱惑的本质，看到这些诱惑背后的巨大危险和隐患。只有这样，我们才能够在面对任何诱惑时都坚持自己的信念，严于律己，不受任何蛊惑，坚持遵守企业规章制度的原则。想要做到这一点，我们就要在心中树立正确的价值观，对于哪些是对我们有长远利益的，哪些事情虽能给我们带来一时痛快却会导致无穷后患，这些都要了然于胸。只有价值观正确了，我们才能够在诱惑面前明辨是非，使自己的行为与企业的核心价值观相一致。

（4）过好巩固关。

对于每个员工来说，坚持一段时间做到严于律己可能并非难事，而难的是始终贯彻严于律己，从不对自己放松。每个人都有懈怠的时候，也有想要放松自己的时候，要想避免这种放松自己的情况发生，我们就必须时刻通过自省来提醒自己，规范自己的行为。自省是一个不断审视自己、检讨自己的过程，这一过程能够让我们通过将自己的行为与自己心中的价值标准或企业精神中的核心价值观相比对，让我们意识到某些行为与正确价值观存在差距，从而不断完善自我、超越自我，升华自己的思想境界。只有通过不断地自省，我们才能够时刻提醒自己，看自己是否做到了严于律己，这样才能让自己永远不放松，坚守不违反企业规章制度的底线。

从严是我们做好一切工作的保障，是我们弘扬企业制度文化，维护企业规章制度的关键所在。只有时刻让"严"字当头，从不对自己放松，将严于律己全面落实到做人、做事的每一个环节，落实到日常工作的言行之中，心存敬畏、手握戒尺、慎独、慎微、勤于自省，我们才能够让自己时时刻刻都以遵守企业规章制度为前提，让自己的工作成绩得到大幅提升，让企业的制度文化在我们身上得到最好彰显。

弘扬企业文化　争做优秀员工

5.

尽己所能帮助企业完善制度

众所周知，一个企业的发展前景如何就在于有无健全的制度，而制度的制定是需要企业中每一个人共同努力，并非仅仅依靠管理者就能够建立全面科学的企业制度。企业对于其制度最根本的要求是一定要符合企业的成长需求，即当我们的企业现状发生变化时，制度也要能够跟上企业实际工作变化的需要。否则这种制度就是僵化的，缺乏实际作用的。

要想能够制定出随着企业发展而不断得到及时修订完善的制度，除了需要企业管理者从大局观出发以企业核心价值观为依托对各项制度进行及时完善外，还需要每一个员工尽自己所能，通过结合自己在一线岗位的实际工作，给企业制度建设添砖加瓦，让企业制度逐步得到完善，促进企业更好更快地发展。

之所以说只有通过员工的共同努力，才能够让企业制度得以完善，主要是因为符合现代企业需要的制度一定是双向性的，而想要保证这种双向性就需要企业与员工共同参与到制度的完善中，只有这样才能够从两个不同角度对企业制度进行审视和修正，让企业制度既能够满足企业发展的需要，也能够满足员工在一线实际工作中的需要。

当然，员工要想真正帮助企业完善制度，能够给企业的制度建设提出有益的意见，就需要具备一定的能力，并通过科学的方法对自己在工作中获得的见解进

第五章　弘扬制度文化，模范遵守企业规章制度

行总结，从而给制度的优化提供有意义的参考。

（1）要善于发现实际工作中能够帮助企业制度优化的关键。

员工参与企业制度建设的优势是能够从工作实践中发现企业制度可优化的地方和提出优化的方法。因此，我们要培养自己在工作中发现制度漏洞的意识，只有这样我们才能够从实际岗位工作中总结经验来帮助企业优化制度。此外，我们还必须强化自己的岗位知识，力求对岗位工作有深度理解，以便有能力及时发现制度与岗位实际工作的不协调，从而找准企业制度有待优化的关键点。

（2）要以企业利益为出发点去提出制度优化的意见。

有些时候，我们之所以认为企业中有些制度不合理，其实并非制度本身与企业需要相违背，而是因为我们仅站在自己的角度看待制度。其实，企业制度制定的第一原则是符合企业利益，因此我们只有站在企业利益的角度而非个人利益的角度才能够真正发现企业制度中那些有待优化的地方。这就要求我们要培养大局观，在审视企业制度时能够保持客观的态度，而不是单从自身出发，总希望制度符合自己的需求。

（3）我们不仅要能发现企业制度中的问题，更要培养自己发挥主观能动性帮助企业解决问题优化制度的能力。

作为企业员工如果仅仅是发现企业制度中的问题并提出来，那么很可能这个问题并不能在短时间内得到解决，或是解决得不到位、不彻底。因为问题是发生在我们工作中的，是我们实际遇到的，如果我们不提出解决的建议，企业管理者很可能一时难以找到解决问题的方法，从而造成问题解决的滞后。因此，身处一线岗位的员工，应该不仅仅能发现和提出企业制度中的漏洞，更应该发挥自己的主观能动性去寻求解决问题的方法，向企业传达自己的意见供企业参考。这就要求我们要在日常工作中培养自己解决实际问题的能力，既有对企业需求和企业核心价值观的全面理解，又对自己岗位实际工作的本质有深刻洞悉，从而探索出解决问题的思路，帮助企业更好更快地完善企业制度。

（4）学会辩证地看待企业制度，要敢于提出制度中的不足。

有些员工可能本身具备通过实际工作发现企业制度漏洞的能力，然而却很难将这些问题说出来或是提出优化制度的建议，这主要有两方面原因：一方面是对自己的能力不够自信，认为自己发现的问题可能并不正确，因此不敢提、不敢想；另一方面有些员工对企业制度过于盲从，虽说我们总是强调每个员工都要坚决遵守和执行企业规章制度，但是这并不代表盲从。倘若我们明知企业有些规章制度并不完全符合实际工作和企业核心价值观的需要，却依然不顾一切地遵守，只会给我们的工作和企业的发展带来阻碍。我们要懂得辩证地看待企业制度，要敢于提出企业制度中的问题，只有这样企业制度才能够得到更好的优化，企业和我们才能实现共同进步。

每个企业的发展都要以制度作为依托和保障，而企业制度的不断进步往往也会推动企业的不断发展。每一个员工都应该竭尽所能去帮助企业完善制度，让自己冲破局限，在促进企业的不断发展中实现自身的更大发展。

第六章

弘扬责任文化：恪尽职守，对工作中的每一件事情都认真负责

员工要想彰显自己的优秀本质，扎扎实实做好本职工作中的每一件事情，保持高度的责任心就是最好的途径。在自己的岗位上尽职尽责，无须其他豪言壮语，我们日常工作中的每一个扎实行动就是对企业责任文化的最好诠释。

弘扬企业文化　争做优秀员工

1. 责任文化保证企业基业长青

  一个人如果对自己不负责任,他将会失去自尊,放弃进取;如果对他人不负责任,他将会失去关怀,放弃和谐;一个员工如果对企业不负责任,他将会失去自我,放弃根基;一个企业如果对社会不负责任,它将会失去财源,放弃发展,这样的企业注定也不会走远。"责任文化"是企业文化的脊梁,有了这个脊梁,企业文化才可以昂首挺胸,有了这个脊梁,企业员工才可以走向优秀,有了这个脊梁,我们才可以实现"令人羡慕,受人尊敬"的企业愿景。

  每个企业都要依靠员工的辛勤工作获得发展的动力,而只有员工对自己的岗位有着充分的责任心,才能够在工作中尽职尽责,将每一件工作做好。如果每个岗位上的员工都具有这份责任心,企业的每个岗位就能够正常有序地运营,岗位之间才能够形成串联作用,驱动整个企业不断前行。也只有如此,企业责任文化才能得到弘扬,企业的基业才能够长青,而身在企业中的我们也才能够反过来深受其惠,得到更好的发展。

  责任文化的弘扬之所以对员工和企业都有着如此重要的作用,首先是由于责任心是做好本职工作的前提。有一句话说得好,"在本位,尽本分",这应该是每个人对自己工作最基本的要求。例如,一家燃具公司的客户打来电话咨询燃具产品的有关问题,而客服人员因自己对业务不熟悉而回答"不清楚、不知道"

第六章　弘扬责任文化：恪尽职守，对工作中的每一件事情都认真负责

等，或因为客户的问题过于简单而表现出不耐烦等态度，这就是缺乏责任心的表现，就会使客户对企业的满意度大大降低，甚至会起到负面的广告效应，影响到生产运营、市场开发等其他方面的工作，影响到整个企业的利益；相反，如果客户询问的只是燃具产品的使用方法，而我们在答疑的同时，又能够和客户讲一些使用常识及日常故障的排除方法，那么我们的服务就已经超出了客户的期望值，可想而知，客户会对我们的服务十分满意，从而使企业的品牌形象得到提升。

只有每个员工在企业责任文化的感召下，在工作中表现出充分的责任心，才能够将本职工作真正做好，倘若我们对自己的工作都不愿负责，那么肯定难以获得做好工作的动力。责任心是我们做好任何事情最重要的内驱力之一，只要心中有责任，我们就能够产生足够的动力去做好一件事情。

其次，责任心是安全运营的重要保证。我们都知道安全对于任何一个企业的发展来说都有着基石一样的重要作用，没有安全，企业的生产力无从谈起，没有安全，员工的发展更是无稽之谈。安全是我们工作的重中之重。如果我们员工在工作时缺乏责任心、敷衍了事，就不会及时发现问题，更不会去想出合理的解决方法，就会造成安全隐患。责任心就好比计算机里的防火墙，它不只是被动地等计算机中了病毒后去杀毒，因为那样可能会损害到有价值的文件，而是主动地把可能会带来病毒的东西阻止在外。有人曾这样说过："责任通常分两种：一种如清茶，倒一杯是一杯，永远是被动；一种如啤酒，刚倒半杯，便已泡沫翻腾，永远是主动。"在有责任心的员工心里，只做清茶是不够的，要做的是烈酒，要主动地用强烈的责任心去为安全工作搭建一面防火墙。而想要做到这样，就需要责任文化给予我们时时的熏陶。

最后，责任心还是强化企业核心竞争力的秘密武器。很多人可能都看过阿尔伯特·哈伯德的《致加西亚的一封信》，书中的主人公罗文之所以在困难重重中能够把信送给加西亚将军，是因为他知道自己所肩负的是一场战争的胜败，一个国家兴亡的重大责任。正是这种强大的责任心，提高了他完成任务的勇气和决心，增强了他的执行力。企业的每一个部门、每一个岗位、每一个员工都是相互

关联、相辅相成的。如果每个员工都是极其富有责任心的，那么我们的企业就会涌现出很多能够"把信送给加西亚"的人，从而我们的工作就必然能做到让自己满意、同事满意、领导满意、客户满意，企业的执行力、工作水平、工作质量就会不断地得到飞跃，从而使企业的核心竞争力得到强化。而如果我们的企业具有浓郁的责任文化，每个员工就能够在这种文化的感染下，对自己的岗位工作认真负责，从而促进企业又好又快地发展。

对于每个企业来说，责任文化都是企业赖以生存、赖以发展的根基。而对于每个企业中的员工来说，只有企业牢固了这个赖以生存和发展的根基，我们也才能够在企业中得到更长足的进步。因此，每个员工都有义务也有责任为企业责任文化的发展做出自己的贡献，主动让自己在责任文化的熏陶下孕育出足够强大的责任心。

2.

构筑责任体系，增强责任意识

我们都知道，企业的发展能否一帆风顺，能否在竞争激烈的市场经济中得以生存，其中一个关键就是企业是否制定了正确的战略方针。然而，仅仅依靠战略的正确并不能保证企业的成功，成功的企业一定是在战略方向和执行力两个方面都到位。而影响执行力的最关键因素，就是企业中每个员工的责任意识。

在现如今的市场经济大环境下，战略上完全踏空而失败的企业并不多，更多的企业是在几乎同样的战略方向的竞争中拉开了距离。因为战略的高低、经验的

第六章 弘扬责任文化：恪尽职守，对工作中的每一件事情都认真负责

多寡以及是否拥有资源等因素并非是企业管理和商业经营走向成功的决定性因素，而拥有足够的具有责任感的员工去解决问题、寻求必要的结果，才是破解一切商业发展障碍的主要动力。企业的责任文化能否在员工中得到弘扬和传播，在一定程度上就决定了企业到底能够拥有多少具有责任意识的员工。

要想让责任文化在企业中得到更好发扬，最可靠的手段就是要在企业中构筑责任体系。因此，时下的每个企业都会为自身构架出符合自己发展需要的责任体系框架。然而，仅仅依靠这个框架还是不足以让责任文化得到真正弘扬，每个员工能否增强自己的责任意识，帮助企业去维系其所构筑的责任体系也是关键之一。

对于每个员工来说，只有企业的责任体系得以维系，企业的责任文化能够发展，我们的企业才能在日趋激烈的市场竞争中获得一席之地，我们也才能够依托企业得到更好发展，成为企业的优秀员工。因此，我们更应从自身做起，努力增强自己的责任意识，以高度的责任心来为维系企业的责任体系添砖加瓦。

（1）强化责任意识，前提是要明确责任。

责任是一种义务，是一种使命，是推动发展的原动力。责任只有轻重之分，而无敷衍推却之理。企业的每一名员工都有不同的工作岗位，岗位赋予每个员工不同的责任。有责要有为，有为才有位。要常思量自己工作岗位的来之不易，常掂量自己肩负的责任之重，以此增强荣誉感和责任感，爱岗敬业，兢兢业业，在其位谋其政，履其职尽其责。《左传》云："政如农功，日夜思之。"我们对待自己的职责，要像农夫耕种一样，白天干事晚上想事，一日三省，如履薄冰，"临事而栗"，殚精竭虑。

（2）强化责任意识，关键是要细化责任。

"古今兴盛皆在于实，天下大事必作于细。"细节决定成败，细化才能问责。我们要以建立健全企业责任体系为契机，把工作中关系到企业发展的大事要事、关系到企业利益的琐事难事、关系到企业生死存亡的急事特事层层细化量化，分解落实到每一个岗位的每一项工作乃至每一细微工序。在工作中我们要明确自己

的岗位责任，明确自己的责任范围，明确自己需要负责的任何一件事情。让我们通过自己的实际行动形成人人头上有指标、件件工作有着落的责任氛围，提醒自己也提醒身边每个人关于责任意识的重要性，从而让企业责任文化得到传播和弘扬。惟其如此，才能提高我们的执行力，才能减少失误和避免缺位，企业才能够更快、更稳定地得到发展。

（3）强化责任意识，归根到底是落实责任。

落实企业赋予我们的责任是每个员工的基本职业素养。我们要牢固树立履责应该、尽责光荣、失责可耻的思想，把落实责任纳入重要日程，做到只争朝夕抓落实、提高水平抓落实、转变作风抓落实、严于律己抓落实。员工的工作要一切从企业实际出发，抓重点、抓关键、抓突破，想实招、办实事、求实效；要深入岗位，不断学习岗位技能和知识，探寻思路举措，破解发展难题；要大兴求真务实之风，苦干实干，开拓创新，不图虚名，不做表面文章，一步一个脚印，不达目的不罢休，不见成效不"收兵"。只有这样我们才能够将责任落实到每一项工作中，才能够为企业构筑责任体系提供助力。

（4）强化责任意识，要主动接受责任教育。

每个人并非生来就能具有较强的责任意识，因此接受责任教育对每个员工来说都意义重大。责任教育能引导我们树立正确的世界观、人生观和价值观，把个人的前途命运融入到企业发展需要中，让我们着眼于服务和奉献，引导我们服务他人、服务企业、服务社会，并在这一过程中实现个人的正当利益；让我们发扬集体主义精神，引导我们把企业、集体、个人的利益有机结合起来，坚持企业利益、集体利益高于个人利益；让我们着眼于职业道德和职业精神，引导我们把职业目标同远大理想结合起来，在自己的岗位上忠实地履行对社会、对企业、对他人的责任，自觉地把责任意识转化到"尽职尽责完成工作"的行动中去。

（5）强化责任意识，提高履行责任的能力是保障。

有些时候，尽管我们对工作有高度负责的意识，然而却在实际工作中屡屡失职，究其原因还是自身能力不足，在面对责任时"心有余力不足"，缺乏履行职

第六章　弘扬责任文化：恪尽职守，对工作中的每一件事情都认真负责

责的能力。其实不管我们是否具有完成责任的意愿，拥有完成责任的能力都是根本保障。因此，我们必须不断提升自己的岗位技能，提升自己的综合职业素养，让我们在面对责任时不至于因为自身能力不足而导致不能肩负起责任。要知道，责任的分量是沉甸甸的，只有有足够强大的肩膀，才能够肩负起属于自己的责任。

履行责任既是发展自我的机遇，也是发展自我的手段和途径。只有每个员工不断提升责任意识，才能让企业责任文化不断发展和弘扬，才能够在竞争日趋激烈的今天，帮企业也帮我们自己赢得生存和发展的一席之地。

3.

给自己定位，对工作负责

每个员工都应该增强自己的责任意识，切实承担起自己的岗位责任，为企业构筑责任体系、弘扬责任文化贡献自己的力量。而要想做到负起我们自身应负的责任，那么首先就要搞清楚自己的位置，只有明确了自己在企业中的定位，我们才能够知道自己该负什么责任，该在什么岗位、什么工作上发挥自己的能力。

在这个世界上，人最需要了解的就是自己。对自己没有准确定位，没有自己人生坐标的人，就像是一艘没有舵的船，只能在大海里随着风向和洋流的变化而盲目飘荡，渐渐地连自己的目的地都会遗忘了，当然更谈不上去肩负起自己该负的责任。因此，如果我们想肩负起企业赋予我们的责任，在对责任的坚守中获得自身的成功，就要时刻记着自己的定位，不要随波逐流。只有找准了自己的定

位，我们才能朝着正确的方向前进，肩负起身上的责任，走在成功的道路上。

在现实生活中，有些员工没有明确自己在企业中的定位，而是抱着得过且过的心态，这不但是对企业的不负责，也是对自己不负责任的表现。一个人要想干好工作，实现自己的人生价值，首先就要充分地认识自己，尤其是了解自己的特长和天赋、明确自己的劣势和缺点。只有这样，才能真正做到扬长避短，不断进步。

作为企业的员工，我们只有找准了自己的定位，才可以持久地在对工作负责的过程中提升自己。如果用心观察就会发现，很多人事业失败并不是因为能力欠缺，而是并没有从工作中找到自己的定位，从而不能够对工作负起足够的责任。即使在短时间内他们的事业会发展，但在这个自己没有负起足够责任的岗位上，竞争的加剧会让他们一直疲于奔命，永远无法脱颖而出，甚至时刻有可能被淘汰，因此也就永远不会真正地满足和快乐。这个错误的定位，将对这些员工的整个职业生涯产生极坏的影响。

找准了自己的定位，我们就可以最大限度地利用已有的资源，发挥自己的优势，明确自己的责任。比如，有些人看见别人都在考"MBA"，他也盲目地去考，然而其实他根本不在管理岗位上，也不需要 MBA 课程中教授的能力；有些人看见别人出国深造，他也奋不顾身地出国，殊不知自己的岗位最需要的就是以我国的实际国情为出发点，通过自己的岗位经验来履行岗位责任。现实证明，想要在激烈的竞争中站稳脚跟，最需要的并不是我们具有多么非凡的能力，而是我们能够明白自己到底站在哪里。

找准了自己的定位，我们还可以增强自己的抗干扰能力，坚定自己肩负岗位责任的信心。有的人之所以没能坚持履行自己的岗位责任，可能是完全被金钱所奴役，只以报酬和利益作为自己工作是否努力的标准，甘愿放弃自己负责任的原则，以至于前途尽毁；还有的人好不容易通过自己的努力获得了一份好工作，得到了一个好职位，却因为他人的风言风语而产生自卑，自己放弃了大展宏图的好机会。这些人都是因为没有给自己准确定位，自视过高或过低。而只有找准了自

第六章 弘扬责任文化：恪尽职守，对工作中的每一件事情都认真负责

己的定位，我们才能够以充分的自信来抵抗外界的干扰，从而坚定自己的内心，坚决履行自己肩负的责任。

既然找准定位对于我们每个员工来说都有着如此重要的作用，那么作为一个身在企业的员工，我们如何才能做到在企业、系统、团队中准确定位呢？

（1）认清自己，不要随波逐流。

现如今，很多人都会一窝蜂地去做某件事情或者是遵从某种价值观，根本不考虑这样做适不适合自己的定位，归根结底就是一种盲从。在这个世界上，通往成功的道路多种多样，有的宽阔、有的狭窄，有的笔直、有的弯曲，有的平坦、有的布满荆棘。人生到处充满选择，面对无数的选择，我们必须学会从学习、生活、事业、家庭等方面综合衡量。但是不管是选择哪条路，都应该肩负起自己的责任，真正开辟一条属于自己的大道。

身在职场，我们只有找准了自己的位置肩负起自己的责任，才不会迷失自己。找准自己目前的定位，并且坚定不移地肩负自己的责任，这才是对自己负责的做法，才是对岗位对企业负责的做法。在坚守责任的过程中，可能会独自一人，忍受着风吹雨打和孤独，也可能会遇到志同道合的伙伴和助你一臂之力的知己，不管怎样，都必须坚定信念，矢志不移。

（2）抓住机会，对自己收放自如。

认清自己的表现之一就是能够抓住转瞬即逝的机会，并懂得对自己收放自如。当责任就在眼前，就要勇于担当。因为当我们努力肩负起重大责任的同时，也就获得了最大的机遇。如果我们推卸责任，机会就会擦肩而过。

有的时候需要放慢自己的步伐。当我们遭遇失败，当希望的灯火被风吹灭时，我们也许会迷失自己的方向。这个时候就需要我们放慢前行的步伐，冷静反思，避免掉进悬崖峭壁。

没有人在遭遇失败的时候，会心如止水。只要是人，都会有难过和失落，只不过是程度不同而已。不要让别人的情绪和言语左右了自己的思维和心情，保持清醒明确自己的定位，稍有疑惑，也要尽快转变过来。

(3) 明白自己想要什么。

想要工作生活得开心快乐，最重要的就是要知道自己想要的到底是什么。只有认清了自己想要的东西，才会在工作、生活上产生更大的动力。如果我们从心底希望自己能够做一个有责任心的人，希望对自己的工作负责，那么就不要过分计较在肩负责任的前行过程中，我们到底得到了什么或失去了什么。要知道失败都是暂时的，衡量付出与获得的比例，会让自己浪费大把的时间却始终得不到解答。因为工作中，得与失本来就是此起彼伏，不是得就是失，反之亦然。

海明威努力地提高自己的写作技巧，苦心孤诣地专心写作，不幸的是，他却遗失了放着所有手稿的手提箱，其中有许多故事都是他夜以继日、呕心沥血写作的成果，他一直计划将这些故事集结成册。起初，遗失了手稿的海明威身心备受打击，因为，他认为重写这些作品是件无法想象的事，他痛心于长期以来埋首写作的艰辛都付诸流水。当他向诗人庞德诉说他的痛心时，庞德却称这是天降好运，庞德保证：如果海明威重写这些故事，就会写得比过去更好，所以无须痛苦，因为最好的题材还是会出现。他要海明威扪心自问，究竟那个想让好故事传遍天下的责任还在不在？于是，海明威不再执着于遗失手稿的悲伤，而是让自己重写这些故事，肩负起了他一直当作是自己责任的工作，终于成为了世界著名的文学家。

海明威正是找准了自己的定位，立志要当一名拥有卓越贡献的伟大作家，并真正明白和肩负起了一个作家该负起的责任，才会有受挫后不灰心、不怕艰难困苦的精神，才能最终取得光辉的成就。

困难就像一个个关卡，只有正确通过关卡才能不受伤害。一个人只有做自己喜欢的、感兴趣的事情，才能充分发挥聪明才智。因此，准确定位自己很重要。这就像玩拼图游戏，只有找到对的那块，才能完成整个作品。否则，拼图会永远缺掉一块。如果对自己的定位出现了偏差，总想负那些本不属于自己的责任，而

第六章 弘扬责任文化：恪尽职守，对工作中的每一件事情都认真负责

忽略了本应承担的责任，就像是被卡住的人，才华和能力都会因为被"卡"而不能展现。所以站"对"地方做"对"事情，是一件非常重要的事，只有在工作中找准了位置，才能在对本职工作"尽忠"的过程中收获属于自己的成长。

（4）用正确的方式去看待你的岗位责任。

每个员工在工作中的行为取决于其对待本职工作的态度，员工对待岗位责任的态度一般有两种：一种是把它看作是必须要做的事情，虽无可奈何但却必须接受的现实；一种则把它的种种都看作是珍宝，不管是好的还是坏的，都是一笔财富。对待责任我们可以是积极正面的，也可以是消极负面的，选择哪一种方式完全在于自己的态度，而成功或失败往往也就在这次选择中被注定。

在工作中找准自己的定位不是一件轻而易举的事情，这需要智慧。智慧可以与生俱来，也会随着工作阅历的增加而增长。做正确的事选正确的路坚持负该负的责就是一种智慧。每个员工在认清自己的定位的同时，也要成长为一个对工作负责的人。只有对工作负责的员工才有可能为自己制订出正确、科学的职业规划，才有可能成为一个为企业做出巨大贡献的优秀员工，才有可能成为一个在任何岗位都能拥有巨大价值的优秀员工。

4.

在其位，谋其事，尽其职

如果我们已经找准了工作定位，那么我们就应该对本职工作尽职尽责，真正做到"在其位，谋其事，尽其职"。只有如此我们才能够以实际行动诠释我们对

弘扬企业文化　争做优秀员工

于责任的恪守，才能让企业的责任文化在我们身上得到弘扬。

在工作中，有些员工总认为自己的判断是正确的、见识是广博的，便爱自以为是；总认为自己的做法比谁的都好，遇事便自作主张，越级、越位、越权处理工作中的事情，结果惹人烦、遭人怨，落个胆大包天、自作聪明的坏名声，于人于己都没有什么好结果。

一次，销售经理张友奇带黄刚出差谈生意，因为客户代表邵一鸣是黄刚的大学同学，张经理希望黄刚能以这层关系为突破口，搞好公关。黄刚确实很快就和老同学热乎起来，不仅给他详细地介绍了公司的产品，还天南海北地聊起来。

然而，在谈到一些合同细节时，黄刚完全没有征询张经理的意见，最后，竟然自己拍了板，商定了合同，让坐在一旁的张经理很尴尬。

用餐时，黄刚又自作主张点了满满一桌菜，和邵一鸣继续神聊，把张经理撂在一边。看到满桌的菜肴剩下大半，餐费大大超过预算，张友奇心里更加不满意。回公司的路上，黄刚得意地问张友奇："张经理，我这次表现还可以吧？"

张友奇冷冷道："嗯，不错，给我留下了深刻的印象！"令黄刚意想不到的是，从此以后，他再也没有出差的机会了，彻底被张友奇给雪藏了起来。

有很多人，在工作中并非因为没有能力而得不到企业重用，恰恰是由于他认为自己太有能力，总是在自己职责范围之外"插一脚"，越位去完成一些本不该自己负责的事情。也许我们有些人会认为这是热心肠，应该得到鼓励，然而热心用得不对，可能就是"糊涂心"，哪个领导都不希望自己制定的责任体系框架成为摆设，任由企业员工随意涉入他人的责任范围。

第六章 弘扬责任文化：恪尽职守，对工作中的每一件事情都认真负责

现在职场中流行着这样一句话：上司天天干基层，员工天天谈战略。这句话，有一点极端，但是很有代表性。有些基层员工整天在考虑部门工作应该怎么规划、公司前景应该如何规划、企业产品在技术方面应该如何提高、企业战略应该怎么调整等，殊不知这些都是领导层考虑的事情。在这里并不是说我们员工就不能为企业考虑这些问题，只是必须设置一个前提：先做好自己的本职工作。

在工作中，每个员工都会有企业分配给自己的职责范围，企业对于组织层次的划分是清晰的，不同的人处于不同的组织层次，相应地职责也有所区别。对于我们员工来说，首要任务是明确自己的职责和所需技能，对自己有一个清晰的认识，兢兢业业地做好本职工作，这就叫职责上的到位。

为了做到"在其位，谋其事，尽其职"，员工应从以下几个方面着手。

首先，我们应明白自己到底在何"位"。简单来说，就是要明确自己岗位的特性和所负责的范围。只有对自己的岗位特性了如指掌，我们才能知道自己在每天的工作中到底要负责哪些事宜，到底哪些责任才是属于我们的范畴，而不是凭自己的喜好去"瞎管"或是不管。倘若我们连自己的岗位特性都不能深刻了解，那么对于这个岗位该负的责任我们也就无从谈起。要想负责，我们首先要知道责任是什么。

其次，我们要明白在自己的岗位责任范畴内该谋些什么"事"。可能有些人会说，在自己的岗位上当然是谋与自己岗位相关的事了。然而在我们的工作中，与我们岗位能够产生关系的事情有很多，但是这些事情并非都是我们能够"谋"的。有些可能是根据企业的方针和上级的指示下发给我们做的工作。对于这些工作，首先应该做到听从命令，尽力做好，如果对这些事情过多地发挥自己主观能动性去改造，往往只会对我们的工作造成不利影响。而有些事情则是日常工作要涉及到的细节，企业和领导对此可能并不会过多干预，或是不了解实际情况。对于这种事情我们就应该多"谋"一些，不断优化自己的工作方法，提高工作效

率,这样才能对岗位更好地负起责任。

最后,我们要贯彻尽其职的理念,做到尽职尽责。有些员工可能觉得对于岗位尽职尽责只会让自己一味付出,却收获不到回报,往往会导致丧失尽职尽责的动力。其实我们应该明白尽职的过程实际上是双向给予的过程。在我们对岗位尽职的过程中,岗位也赋予我们很多,比如进取的精神、拼搏的斗志、生活的保障、价值的实现等,这些都对我们的成功起着巨大作用。日复一日地在同一岗位上尽职尽责或许会使人产生倦怠,但是只要我们在心中建立起正确认识,就一定能够贯彻尽职尽责的理念,在帮助我们自己收获很多可贵能力与品质的同时,也让企业责任文化在我们身上得到最好彰显。

总之,作为一名员工,我们一方面要明白自己的岗位职责所在,在自己的岗位上尽职尽责;另一方面,也不要轻易涉足自己职责范围之外的责任中去。勇于承担责任也要有原则,要有"度"。在什么事情上都想管一管不但不能弘扬企业的责任文化,反而会破坏企业原本有序的责任体系,也让自己在企业中的发展受到阻碍。

5.

不找借口,多负责任

在工作中每个员工都可能会受到各种客观因素的影响,有人因此找到了为自己开脱责任的好方法,以一句"谋事在人,成事在天"试图掩盖自己不负责任

第六章 弘扬责任文化：恪尽职守，对工作中的每一件事情都认真负责

的事实。然而事与愿违，责任该是谁的就是谁的，谁也不能因为一些客观因素就逃避自己在岗位上所肩负的责任。因此，还是多提醒自己，少找些借口，多负些责任，只有这样我们才能够真正对得起本职工作，对得起企业，也对得起自己。

在现实中，有很多员工善于给自己的不负责找各种借口。"为什么有些人追求并拥有了圆满的职业生涯，被人所赞赏，而大多数人却做不到？因为大多数人都太会给自己找借口！"著名培训大师杰伊·瑞芬博瑞一语揭示了在职场获得成功的原因——不找任何借口。的确，很多人之所以没有取得圆满的职业生涯，正是由于在平时找借口太多。部门领导把部门业绩的不景气归结于员工的无能和懒惰，员工把自己事业的不景气归罪于领导的无能或经济不景气。明明是自己犯了错，却说是因为别人的原因导致的……

借口是逃脱责任的行为。在日常工作中，很多人面对工作中的失误，不是反省自己是否努力不够、能力不够，而是把责任归于自己身外的人或事。由于不想承担责任的心理在作怪，所以一旦工作中出现失误就会努力寻找外界的人事来作借口，这实质上是逃脱责任的行为，是一种畏惧错误的心理状态。推脱责任，这对我们的发展是非常不利的，它使我们止步不前，甚至有意躲避。不能勇于承担责任，当然就不能把岗位上的工作做得圆满、取得成功。如果我们身为伞兵，以降落伞带打结没办法打开为借口，那么除了会从高空一头栽下来而一命呜呼，并不能为自己赢得其他结果。其实道理相同，身为企业的一名员工，只有践行了"不找任何借口"的自我负责精神，我们才能够解开在岗位工作中遇到的各种症结，让自己实现"安全着陆"，也让自己为企业的责任文化发展做出最大的贡献。

他出生在四川，是穷孩子出身，初中毕业就外出打工。

1997年7月，他应聘一家房地产代理公司的发单员，底薪300元，不包吃住，发出的单做成生意，才有提成。

弘扬企业文化　争做优秀员工

上班第一天，老板讲了很多鼓励大家的话，其中一句"不找借口找方法，胜任才是硬道理"让他印象深刻。

上班后，他劲头十足，每天早晨6时就出门，晚上12时还在路边发宣传单。他连续拼命干了3个月，发出去的单子最多，反馈的信息也最多，却没做成一单生意。为了给自己打气，他把老板告诉他的那句"不找借口找方法，胜任才是硬道理"写在卡片上，随时提醒自己。

他的业务渐渐多起来，公司把他从发单员提拔为业务员。当时，公司销售的楼盘是位于北京市西三环的高档写字楼。这种高档房，每卖出一套，提成丰厚。他暗自高兴，以为马上就能做出成绩。然而两个月过去，他一套房都没卖出去。

终于有一天，有一名客户来找他，他喜忧参半，喜的是终于有客户，忧的是不知该如何跟客户谈。他脸憋得通红，手心直冒汗，但是除了简单地介绍楼盘的情况外，他不知道再讲些什么，只能傻傻地看着对方。结果，客户失望地走了。

"不找借口找方法，胜任才是硬道理。"他不断地给自己鼓劲，开始苦练沟通技巧，主动跟街上的行人说话，介绍楼盘。两个月后，他的说话能力提高许多。

有一天，一个抱着箱子的人向他打听一家酒吧在哪里。他热情地告诉对方，但对方还是没有听明白，他干脆领对方去，还帮对方抱箱子。告别时，他顺手拿了一张宣传单给对方。那个人很感兴趣，第二天就找到他要购买两套房，并说："我平时很烦别人向我推销东西，但你不同，值得信赖。"这一单让他赚到一万元。更让他激动的是，他相信自己能胜任这份工作。

但他的成绩并不好，每个月只能卖出一两套房，在业务员里属于比较差的。1998年8月，公司组建成5个销售组，采取末位淘汰制，他处在被淘汰的边缘。这时他对"胜任才是硬道理"有了深刻认识，要胜

第六章 弘扬责任文化：恪尽职守，对工作中的每一件事情都认真负责

任就必须找到好方法。因此，当经验丰富的业务员跟客户交流时，他就坐在旁边认真地听，看他们如何介绍楼盘，如何拉近与客户的距离。他还买了很多关于营销技巧的书来学习，学会如何把握客户的心理，判断客户的需求、实力，每次与客户交谈时都有针对性，他的业绩开始稳步上升。

1999 年 8 月，北京另一家公司到他所在的公司挖人，"挖人事件"给公司造成很大影响，留下来的人马上都成了公司顶梁柱，已有两年工作经验的他很快脱颖而出。他的一个客户想买写字楼，拿不定主意。他知道后，给这个客户做了一个报告，详细分析各楼盘的特点，同时告诉客户他们楼盘的性价比优势在哪里。客户最终决定在他们楼盘里买下一个大面积的写字楼，这一单卖出了 2000 万元。

后来，他一个"赛季"的销售额达到 6000 万元，在公司排名第一。按照公司规定，销售业绩进入前五名者可以竞选销售副总监，他决定试试，结果他成功了。可是没想到，第一个"赛季"结束时，他带领的销售组排在最后一名，他在副总监"宝座"上还没坐热就被撤了。以往被撤销副总监职位的人，大多选择离开，因为他们觉得再也没有颜面当一名普通销售员。他却想，之所以被淘汰完全是因为自己还不胜任，从哪里跌倒，自己偏要从哪里爬起来。

重做业务员后，他调整心态和从前一样拼命工作。2003 年最后一个"赛季"，他又拿到全公司第一，再次竞选当上销售副总监。这一次他一上任就开始精心培训手下的员工，将自己的经验毫无保留地传授给他们。他说："只有大家都好了，我的境遇才会更好。"结果，这个"赛季"结束，他的组取得很好的成绩，销售额达到 8000 多万元，租赁额也达 5000 多万元。

此后，他所带团队的业绩一直名列前茅，他的收入自然提高，每年的收入都在 100 多万元。他叫胡闻俊，那个告诉他"胜任才是硬道理"

的老板是很多人都梦寐以求、想在他们下谋得一席之地的地产骄子——潘石屹。

一个原本只是普普通通发传单的员工，之所以最终能够站在潘石屹的身边，成为他最得力的助手，就在于他不找借口，尽职尽责的态度。对于企业中的每个员工来说，只要有这样的精神，那么更好的职业未来就在等着我们，而我们也一定能够给企业创造更大价值，带来更快发展。

当然，要想做到"不找借口，多负责任"，除了要有信念，也需要不断提升自己的职业素养和思想境界。

（1）提升核心岗位技能，有能力才能负起责。

有些时候我们为了逃避责任而去找借口实属"被逼无奈"，因为自己的能力不够又不想丢面子，于是开始给自己找各种客观理由，想要掩盖自己能力不足的事实。而只有通过不断学习和对经验的总结来提升自己的岗位技能，让自己有更大能力去肩负起岗位责任，我们才能够不辱使命，真正做到负起责来。而当我们的能力得到进一步提升后，就会有机会在责任更大的岗位上得到机会，甚至有机会帮助企业实现更长远的进步。

（2）不抱侥幸心理，该负责就负责。

有些员工常想在工作中取巧，找一些自认为极其"合理"的借口逃避那些不想承担的责任，以为神不知鬼不觉。殊不知我们所做的事是众人皆知的。我们可以回想一下近日的工作，是否每件事都可以摊在阳光之下，每件事都敢说自己做到百分之百负责，而不再找借口及理由来欺骗自己将不负责"合理化"。要时刻告诫自己，没有人比我们傻，我们的借口很容易被拆穿，不要抱侥幸心理，没人点破不代表没被识破，找借口不负责任只能让我们在他人眼里更加不堪，堵死自己在企业中成长的机会。

（3）遇到失败，先从自身找原因。

找借口，无非就是期望通过寻找外界所谓"不可抗力"来为自己没有负起

第六章　弘扬责任文化：恪尽职守，对工作中的每一件事情都认真负责

责任找借口。如果养成这样遇到失败就给自己找借口的习惯，那么下一次失败就离我们不远了。成功者并非从未失败过，而是知道首先从自身去找失败的原因。客观因素是我们无法改变的，但是我们不能因此就不去努力成功，不去努力肩负自己的责任。因此，与其从客观因素中找借口，不如想想如何提升自己，如何纠正自己的错误和不足，下一次再遇到任何困难的时候能够战胜它，从而肩负起自己的岗位责任，获得工作中的一次又一次成功。

在工作中，只有做到"不找借口多负责任"，我们才能够真正肩负起自己的岗位责任，才能在工作中收获成功。如果在工作中做到了"不找借口多负责任"，我们在工作时就不会过度地去牢骚去埋怨，就会将更多的时间用在思考如何对工作负责任的问题上。而如果能够真正做到负责任，工作带来的乐趣就会成倍增加，而这种乐趣反过来就会激发我们更大的工作热情从而实现工作业绩上的飞跃。

的确，只要做到了在工作中不找借口，我们就不会去躲避现实、躲避责任，也就会脚踏实地、尽心尽力地去完成本职工作，这样心中自然就多一份乐趣，工作也不再是一件恼人的事；相反，找借口会产生一系列问题，造成愤恨、抱怨、推诿、拖延的恶性循环。如果不能改掉这一习惯，牢骚、埋怨、不负责任就会成为我们自身难以剔除的痼疾。

因此，我们只有做到"不找借口多负责任"，才能够消除职业生涯中最危险的痼疾，而增添一个帮助我们实现进步和发展的优秀品质。我们要停止为自己找借口，用实际行动去履行自己的责任，让责任意识在员工间传承。

弘扬企业文化　争做优秀员工

6.
勇敢担当，决不推卸责任

在职场生涯中，每个员工可能都遇到过这样的现象：当领导追问一项工作到底由谁负责时，大家都你推我、我推你，认为都是其他人该负责任，像"踢皮球"一样把责任踢来踢去。这样的行为很大程度上影响了企业工作的有序进行。一项没有人负责的工作，会成为企业和员工都难以处理的"问题工作"，会耗费更多人力物力，甚至拖延整体任务的进度。

其实这种"踢皮球"的现象究其原因还是企业中有些员工的责任心不够，总想推卸自己的责任，而另一些员工又不愿意承担起这额外的责任，因此这份工作就成了无人愿意接手的"烫手山芋"。要想避免这种既影响企业发展，又会对我们员工的正常工作产生影响的情况发生，我们就应该培养自己勇于承担责任，绝不推卸责任的良好习惯，只有这样我们的企业才能在优秀的责任文化中获得长久发展。

约翰和戴维是新到速递公司的两名员工。他们俩是工作搭档，工作一直都很认真，也很卖力。上司对这两名新员工也很满意，然而一件事却改变了两个人的命运。

一次，约翰和戴维负责把一件大宗邮件送到码头。这个邮件很贵

第六章 弘扬责任文化：恪尽职守，对工作中的每一件事情都认真负责

重，是一个古董，上司反复叮嘱他们要小心。

没想到，送货车开到半路却坏了。

戴维说："怎么办，你出门之前怎么不把车检查一下，如果不按规定时间送到，我们要被扣奖金的。"

约翰说："我的力气大，我来背吧，距离码头也没有多远了。而且这条路上的车特别少，等车修好，船就开走了。"

"那好，你背吧，你比我强壮。"戴维说。

约翰背起邮件，一路小跑，终于按照规定的时间赶到了码头。这时，戴维说："我来背吧，你去叫货主。"他心里暗想，如果客户能把这件事告诉老板，说不定还会给自己加薪呢。他只顾瞎想，当约翰把邮件递给他的时候，他却没接住，邮件掉在了地上，"哗啦"一声，古董碎了。

"你怎么搞的，我没接你就放手？"戴维大喊。

"你明明伸出手了，我递给你，是你没接住。"约翰辩解道。

约翰和戴维都知道，古董打碎了意味着什么，没了工作不说，可能还要背负着沉重的债务。果然，老板对他俩进行了严厉的批评。

"老板，不是我的错，是约翰不小心弄坏的。"戴维趁着约翰不注意，偷偷来到老板的办公室，对老板说。老板平静地说："谢谢你，戴维，我知道了。"

随后，老板把约翰叫到了办公室："约翰，到底怎么回事？"约翰就把事情的原委告诉了老板，最后约翰说："这件事情是我们的失职，我愿意承担责任。另外，戴维的家境不太好，如果可能的话，他的责任我也来承担。我一定会弥补上我们的损失的。"

约翰和戴维一直等待处理的结果，这天老板把约翰和戴维叫到了办公室。老板对他俩说："公司一直对你们俩很器重，想从你们俩当中选择一个人担任客户部经理，没想到却出了这样一件事情。不过也好，这

· 125 ·

会让我们更清楚哪一个人是合适的人选。"

戴维暗喜道："一定是我了。"

"我们决定请约翰担任公司的客户部经理，因为一个能够勇于承担责任的人是值得信任的。约翰，用你赚的钱来偿还客户。戴维，你自己想办法偿还客户，对了，你明天不用来上班了。"

"老板，为什么？"戴维问。

"其实，古董的主人已经看见了你们在递接古董时的动作，他跟我说了他看见的事实。还有，我也看到了问题出现后你们两个人的反应。"老板回答说。

勇于承担责任，这也是优秀员工和平庸员工的差别。勇于承担责任是优秀员工必备的一种品质，也是身在职场生存发展的基本条件。无论职位高低、能力大小，还是身在何种性质的企业，我们每个员工只有立足本职，独当一面，肩负起应有的责任，才对得起那份薪水和心底的良知。

每个人都会犯错误，犯错误不可怕，可怕的是找各种借口推卸责任，不敢承认错误，这种做法一旦成为习惯，成为一种思维定势、行为定势，不知不觉，身在其中没有意识到则更为可怕、更麻烦。犯错后关键不是推卸责任，而是找到问题根源所在去解决问题，使同样的错误不再重复出现，这才是最为重要的。

当然，要想培养起在工作中勇于担当的良好习惯，我们就必须首先明白责任在工作中的重要性。因为责任是出色完成工作的动力和源泉，是干好任何工作的前提和基础，所以责任意识决定着工作的态度。有些员工认为自己不可能有往上走的机会了，所以就对工作或多或少产生应付心态，不把"责任"二字放在心上，对待工作马马虎虎、敷衍了事，做一天和尚撞一天钟。而有些员工则由于对某些同事或对工作不满意，进而也对工作产生了应付的心态，当工作中出现失误时，常常就会听到一些推脱之词，诸如"这不是我的错""我不是故意的"之类的

第六章 弘扬责任文化：恪尽职守，对工作中的每一件事情都认真负责

话，有人甚至还会为了逃避责任而指责别人。然而，如果我们想成为出色的员工，希望自己能够与企业共同进步，就应该牢记"责任"对完成工作的重要性，在出色完成本职工作的同时，力所能及地帮助身边的同事完成工作任务，要养成积极向上、虚心好学、主动承担的工作"责任心"。

之所以这样说，是因为责任决定着工作的质量。对于任何一项工作来说，员工的思想状况在很大程度上决定着工作的质量，最直接的影响就是该项工作完成的好坏。因此，无论在任何岗位，我们都要对自己的工作认真负责，不放过工作中出现的任何一个小细节、一个小毛病，只有这样，任务和目标才会完成，而且完成的效果和质量才会更好。

责任还关系到员工的工作信念。我们应当把责任上升为一种信念，时刻牢记在心，充分发挥责任意识，把责任渗透到工作中的每个细节、每个环节上，无论你是领导干部还是一线职工，既然来到了这个单位，那无论身处哪个岗位都必须认真对待工作。如果企业的每个员工都能有一颗工作"责任心"，都把责任作为一种信念支撑，相信我们无论在什么岗位工作，都一定会做得更好。

除了要明白负起责任对企业和自身工作的重要性外，我们还需要强化自己的岗位本领，提升自己的工作效率。岗位技能的强弱是决定我们能够肩负多大责任的关键所在。只有不断提升自己的职业技能，丰富自己的岗位经验，我们才能够灵活自如地应对各种工作中的问题，也才能够真正有能力为自己的岗位负责。只有具备全面的职业技能，我们才能够提升自己的工作效率，而为自己赢得更多时间。打个比方来说，假如一项工作我们连在最起码的规定时间内完成都无法做到，那就更不要谈对自己的工作负责了。只有以更有效率的方式完成工作，我们才能够通过反复检查，狠抓细节来实现对工作的负责。也只有这样我们才有时间去肩负更多的责任，让自己成为体现企业责任文化的"标杆"。

此外，我们还必须在工作中养成不找借口的好习惯。在工作中很多人都会用"难度太大了""没有人配合""没有时间"等作为理由，来说明不是自己做不好，而是别的原因，然而这样做并不能让我们真正肩负起责任。杜鲁门任美国总

弘扬企业文化　争做优秀员工

统后，曾在自己的办公室挂了一条醒目的条幅"借口到此为止"。我们每一个员工也都应该效法杜鲁门总统的格言，工作中出了差错，都应该勇于承担责任，这是取得信任和尊敬的唯一办法，也是提升自己的不二法门。

责任是一个严厉的主人，如果只依靠别人去肩负自己"踢"开的责任而并不对自己提出要求，那么对于自己的岗位工作，对于企业和其他员工都是不负责任的。如果其他员工看到自己身边总围绕着那些找借口推卸责任的人，他们自己自然也不会为岗位和企业的工作承担起责任来，形成恶性影响。只有每个员工都养成勇于负责、绝不推卸责任的习惯，当责任来临时争相抢着负责，企业的责任文化才能够得到弘扬，我们才能在一个人人肯负责的工作环境下给企业创造价值，也给自己赢得成功的资本。

其实，员工在工作中的表现不外乎就两大类：一类是努力挑战困难，解决问题，勇于担当责任；另一类就是不停地找各种借口为自己的失职辩解。前一种态度往往能引导员工走向成功，而后者则反之。

在实际工作中，责任对于员工来说既是权利也是义务。责任有大有小，有轻有重，但只要我们善于承担和勇于承担，就没有做不好的事，没有办不成的事。只要我们认真工作，努力实践，不断总结经验，尽职尽责，再大再重的责任也能承担。

第七章

弘扬合作文化，树立团体意识发扬团队精神

一滴水只有放进大海里才永远不会干涸，一个人只有当他把自己和团队事业融合在一起，树立团队意识发扬团队精神，才能获得最大的发展，成为最优秀的员工。永远记住：合作才是当今企业发展的主题，合作才是取得成功的诀窍。

弘扬企业文化　争做优秀员工

1.

团队利益永远高于个人利益

每个员工在企业中的工作实际上都并非完全"孤立",通常我们都是与自己所在的部门或是团队中的其他员工共同合作去完成企业交给的某项复杂任务。对于现代企业来说,团队合作的工作效率远远超过个人单干,企业对于团队建设的重视度也达到了从没有过的高度。

我们可以把一个团队看成是一部精密机器,要想保证这部"机器"得以正常运转,让团队合力最大化,就需要团队中的每个"零件"——每个岗位上的员工相互配合,朝着同一利益目标去努力,而这一目标就是团队的整体利益。因此,我们每个员工无论身处哪个团队都应该谨记团队利益高于一切,当自己的个人利益与团队利益发生冲突时,要把团队利益放在第一位。

在个人主义和拜金主义至上的今天,许多人对这种说法不满或不解。可能有些人会觉得自己的个人利益也同样重要,为什么要让团队利益永远高于自己的个人利益呢?其实通过对实际工作进行总结不难发现,团队利益是个人利益的基础和保障。只有团队利益得到保障了,我们的个人利益才有可能得到保障。

首先,团队利益是从团队中每个人共同的利益中孕育而生的。一说到团队利益,有人可能立刻会认为团队利益就是帮助企业实现某些利益,而并不注重团队中每个员工的基本利益。这样的认识实际上是错误的。团队利益其实就是对团

第七章 弘扬合作文化，树立团体意识发扬团队精神

中每个员工的个人利益进行"提炼"孕育而生的，并非只为了满足企业的利益。因此，只有团队利益得到了满足，团队中每个人最根本的利益才能得到基本满足。

其次，实现团队利益是实现个人利益的前提。我们可能都听过这样一句话："锅里有了碗里才有。"团队利益实际上就是"锅里的食物"，而个人利益就是每个人"碗里的食物"。倘若锅里什么都没有，那么团队中的每个人当然也不可能在自己的碗里获得什么。只有保证了团队利益，团队中的每个员工才能受益。

最后，团队利益最大化才能实现个人价值最大化。我们都知道评判一个员工对企业具有多大价值并非以他能给自己创造多大利益作为标准，而是要以他给所在团队带来了多少深远影响作为评判标准。因此，如果我们想要发挥自己对于企业的巨大价值，那么就要尽力保证团队利益的最大化。只有这样我们的工作才更有意义，我们微乎其微的个人能力才能被团队所放大，被他人所瞩目。

王力现在是某公司的高层领导，董事局成员。十年以前，他还是公司的一名普通员工。他的成长历程就是"个人得失永远低于公司利益"思想的最好展现；而他现在的地位，则证明了这种思想在个人发展中的作用。

王力进入公司时，公司刚刚起步，不管是人才储备、产品技术还是市场占有率都在业内毫不起眼，王力和伙伴们一起为公司的发展竭尽全力。那时他们就有这样一种认识：公司哪里需要他们，他们就往哪里去。最开始时，王力是一名车间工人，可因为他有一定文化基础，所以上司决定安排他脱产进修。当时一线工作每个月能够拿到近千元工资，而脱产进修后每个月只能拿到数百元补助。可是王力毫不犹豫地听从了公司的安排，收拾行囊离开了公司。

王力进修的是行政管理，在进修结束回到公司后，他把自己的全部才能都奉献给了公司。可就在有望提升到上一级管理部门时，他却被安

弘扬企业文化　争做优秀员工

排去了销售部门工作。这不仅是前所未有的挑战，也意味着他要从头干起。令公司上下感到敬佩的是，王力仍然没有拒绝，而是一头就扎进了销售部，苦心钻研，认真学习。为了尽快掌握各种销售技巧，他甚至不惜向比自己资历浅得多的"小员工"求教。很快，一个王牌销售经理出现了。

"我的利益永远没有公司重要。这是因为，公司成长的同时也意味着我会获得更大的进步！"晋升为中层领导后，王力曾经在大会上这样对同事们说。他的努力并没有白费，现在他已经得到了更广阔的发展空间。

王力能够屡次放弃眼前的个人利益，听从团队安排，为团队的发展尽心尽力，就是因为他深明"个人利益应该服从团队利益，而团队发展又会帮助个人发展"的道理。对于我们每个员工来说，只要能够认清这一点，那么也就能认同集体利益高于个人利益这个观点。

个人利益和团体利益从根本上说是一致的。一方面，个人利益是团体利益的基础，没有个人利益的实现，就没有社会团体利益的充分发展；另一方面，个人利益依赖于团体利益，团体利益是满足个人利益的保障和前提，是个人利益的集中表现。任何员工个人或员工小群体的利益，都不能超越团队的整体利益。

只有我们每个员工都能够维护团队利益，具有强烈的团队荣誉感，学会顾全大局，以团队利益为重，甚至不惜牺牲自己的利益，最终才能让自己的个人利益最大化。我们应该知道，只有团队强大了自己才能有更大的发展，只有有这样想法的员工才有可能被真正地委以重任。

2. 最完美的永远是团队，不是个人

我们知道，这个世界上不存在完美的人，因为每个人都有无法克服的缺点，没有人是十全十美的。但是却可能存在相对"完美"的团队，这也是团队之所以存在的根本原因。

团队最重要的作用就是将一些不完美的人整合在一起，大家取长补短，形成一个相对"完美"的组织体系，进而努力将工作做到最好。例如，有些人富有创造力和想象力，却欠缺对固有经验进行整合的能力；有些人可能做事仔细，但是却少了一些果断和大胆。如果每个人独立地去完成一项较为复杂的工作，那么对于个人来说确实困难重重，也难以获得最好的工作成果。但是倘若将这些人组成一个团队，那么每个人的短板都会被团队中的其他人所弥补，而通过这个团队完成的工作往往就能相对更加"完美"。

在南美洲的草原上，酷热的一天，山坡上的草丛突然起火，无数蚂蚁被熊熊大火逼得节节后退，火的包围圈越来越小，渐渐地蚂蚁似乎无路可走。然而，就在这时出人意料的事发生了：蚂蚁们迅速聚拢起来，紧紧地抱成一团，很快就滚成一个黑乎乎的大蚁球，蚁球滚动着冲向火海。尽管蚁球很快就被烧成了火球，在噼噼啪啪的响声中，一些居于火球外围的蚂蚁被烧死了，但更多的蚂蚁却绝处逢生。

南非沙漠里还有一种动物叫沙龙兔，沙龙兔之所以能在沙漠里存活不被干死，完全是因为一种团结的精神。沙漠每两年才会下一次像样的雨，这对于任何生命都极为珍贵。

每次下雨，成年的沙龙兔都会分不同的方向探索水源，跑上几十里，不吃不喝，不找到水源绝不回来。几乎每只找水的沙龙兔都能把好消息带给大家。那些找到水源的沙龙兔在返回来时，连洞也不进，就会带领一群沙龙兔往水源处赶。因为沙漠中的雨水有时会在一天内蒸发掉，这是沙龙兔一两年中唯一的一次补水良机。

于是，为争取时间，平日很少见到的沙龙兔群集的景象出现了。大队大队的沙龙兔会奔赴不同的地区，跑上几十里去找到水源。

这些负责找水的沙龙兔，一般都会在兔群到达饮水目的地后，因劳累过度而死去。但是更多的沙龙兔却能因此在这本不适合大部分哺乳动物生存的沙漠中得以存活，而存活下来的沙龙兔也会以同样的团队合作模式继续创造着生命的奇迹。

动物尚且知道依靠团队能够让自己和种群完成对抗无情大自然的"完美"行动，但对于拥有极高智慧的人类来说，我们却往往忽视了这个最浅显的道理：一个人，脱离了团队，他的力量即使再大，也是有限的；而一个团队，却能够散发无限的力量。

随着现代社会的发展，我们的工作任务对人际交流与合作的要求大大提高，人们的生产和工作方式将趋向集团化，而不再是分散的方式。个人不可能孤立地工作，而是要与他人交流与合作。在这个团队制胜的时代，单打独斗的招式已经过时，只靠提高个人能力的方法取胜，在今天已经没有了生命力，而优秀团队才是企业真正的核心竞争力。整个团队的兴衰，与团队中的每一个人都有着密不可分的联系。每一个人成功的背后，都离不开团队的支持；而每一个团队的成功，也是全体成员齐心协力的结果。

从前,有两个饥饿的人得到了一位长者的恩赐:一根鱼竿和一篓鲜活硕大的鱼。其中,一个人要了一篓鱼,另一个人要了一根鱼竿,于是他们分道扬镳了。

得到鱼的人就地用干柴搭起篝火煮起了鱼,他狼吞虎咽,还没有品出鲜鱼的肉香,转瞬间,连鱼带汤就被他吃了个精光。不久,他便饿死在空空的鱼篓旁。

另一个人则提着鱼竿继续忍饥挨饿,一步步艰难地向海边走去。可当他已经看到不远处那片蔚蓝色的海洋时,他浑身的最后一点力气也使完了,他也只能眼巴巴地带着无尽的遗憾撒手人间。

又有两个饥饿的人,他们同样得到了长者恩赐的一根鱼竿和一篓鱼。

只是他们并没有各奔东西,而是商定共同去找寻大海,他们每次只煮一条鱼。经过遥远的跋涉,他们来到了海边,从此,两人开始了捕鱼为生的日子。几年后,他们盖起了房子,有了各自的家庭、子女,有了自己的渔船,过上了幸福安康的生活。

如果我们不希望自己成为职场中被"饿死"的员工,那么从现在起我们就必须意识到只有团队才可能是"完美"的,才能够创造出更骄人的工作成绩,而强逞个人英雄主义只能让我们被时代所淘汰。

从个人发展的角度看,没有团队协作意识的人,不可能获得成功。企业员工相互沟通、交流和合作已成为一种必然。团队中的每个成员都必须精诚团结,善于合作,只有这样才能搞好工作,发展事业。如果没有团队精神,不善于与人合作,到头来只能是走更多的弯路,影响事业的发展。团队精神是现代企业精神的重要组成部分,是促进企业凝聚力、竞争力不断增强的精神力量,只有在这种力量的指引下，我们的企业才能够将每一件工作做到近乎"完美"，而我们的企业和企业中的每个员工也才能够走向成功。

现在的社会竞争前所未有地激烈，一个缺乏团队意识，不懂得互助和协作的人，即使有着超强的能力，也难以在工作中更好地发挥出自己的优势，甚至难以在职场中立足。抛弃了团队精神，就意味着抛弃了更好地实现自身价值的机会，企业固然要为此承担风险，但损失最大的无疑是我们自己。

3. 主动合作，积极融入到团队中去

世界营销大师阿尔·里斯曾经说过："很少人能单凭一己之力，迅速名利双收；真正成功的骑师，通常都是因为他骑的是最好的马。"很多员工都已经意识到了团队合作对自己的重要作用，只有与他人合作借助团队整体的力量，我们个人才能达到预期的目标。

要想依靠团队来实现自身在企业中的价值，我们就必须积极去寻求合作，努力使自己融入到团队当中去。融入能使彼此相互认可、相互接纳，并形成行为方式上的互补互动性和协调一致性。自制力强、感悟力好的人，融入得自然和谐、顺乎情理，被群体接受的程度就高，因此就有可能获得更多的发展机遇。而我们作为具有独立个性的人，如何才能尽快融入到团队这个大家庭里呢？

（1）积极准备翔实的自我介绍，这是向团队"推销"自己的最好方法。

当我们加入到一个团队中，都会经历"员工自我介绍"的环节。在这个环

第七章 弘扬合作文化，树立团体意识发扬团队精神

节中，相信没有团队合作经验的员工都会有一些心理上的不适应，这是正常的，关键在于我们要以积极的心态去面对它。在参加员工自我介绍环节之前，我们要做好充分的准备，得体的服饰着装、饱满的精神状态等都是很重要的，最关键在于要让企业团队的每个员工记住自己，因为这可以为我们更好地融入到团队做一个好的铺垫。在介绍中我们除了要让其他团队成员知道自己的基本信息外，还要着重对自己的特长和自己在工作中的行为方式进行介绍，以便让其他团队成员了解与自己合作的方法和让自己在团队中拥有最合适的岗位。

（2）以空杯心态面对工作和同事。

来到团队之中，我们必须首先要了解——自己与其他团队成员一样并没有什么特殊之处。所以，不管你是哪个名牌大学毕业的大学生，不管你以前的职位做得多么高，不管你以前有多么丰富的岗位经验，来到团队之中，就必须忘记那些昨天的"辉煌"，让自己做一名"小学生"——以低姿态、空杯心态去重新了解和熟悉团队的"游戏规则"和"章程"，以便将自己所掌握的东西与团队的实际运作需求密切结合、恰当运用。如果清高孤傲目空一切，你将很快被团队冷落，离开了团队，再能干的人也将一事无成。

在一个花园里，美丽的红玫瑰引来了人们的驻足欣赏，红玫瑰为此感到十分骄傲。红玫瑰旁边一直蹲着一只青蛙，红玫瑰嫌青蛙跟自己的美丽不协调，强烈要求青蛙立即从自己的身边走开。

青蛙只好顺从地走开了。

没过多久，青蛙经过红玫瑰身边，它惊讶地发现红玫瑰已经凋谢，叶子和花瓣都已经掉光了。青蛙说："你看起来很不好，发生了什么事情？"红玫瑰回答："自从你走了之后，虫子每天都在啃食我，我再也无法恢复往日的美丽了。"

许多员工在进入团队时就像红玫瑰一样自命清高，总认为别人对自己一点作

用也没有，当真的只剩下自己时才惊觉，原来团队中的其他人对自己很重要。每个人都有需要他人的地方，作为拥有团队意识和团队精神的优秀员工不应该只注意个人的辉煌业绩，更应该积极发掘团队其他成员的优点和成绩。无法融入团队的员工不仅得不到同事的欢迎，也无法得到领导的器重。聪明的人融入团队，孤傲的人被团队抛弃。

（3）努力做事，不断完善自我。

团队在对其成员进行考评时，更多关注员工知识能力以外的东西，也就是人力资源所讲的冰山模型下面的素质。这意味着仅仅具备一定知识和技能的员工并不能把团队安排的工作做好，为了出色地完成工作任务，还必须拥有积极的工作态度。同时注重学习团队其他成员的优点；时常检查一下自己的缺点，比如自己对人是不是缺乏热情，或者言辞锋利容易伤人等，这些缺点在单兵作战时可能并不影响工作，但会妨碍团队合作从而成为你进一步成长的障碍，必须注意改正。在竞争激烈的职场中，只有得到团队和企业的认可，我们才可能拥有进一步发挥才能的天地。

（4）积极付出，以主人翁的心态做事。

当加入团队以后，就是团队中的一员，这个时候我们不可以旁观者的态度去面对工作中的人和事，因为我们也是这个团队的一分子，所以我们要把团队的事当作自己的事，积极付出。积极付出可能不会收获我们想要的，但是如果不付出肯定是没有任何收获的。如果我们拈轻怕重，这种工作不肯干、那种工作讲条件，导致的后果是我们在团队中什么也不能干，渐渐就会被团队所淘汰。每一个员工只有把团队的事业当成自己的事业来经营，对团队安排的事情无条件地去完成，以主人翁的心态来面对团队赋予我们的每一项工作，并以取得成就和荣誉为荣，我们才能够成为团队的主人，才能够享受团队荣誉给予我们个人的荣耀。

（5）在团队中努力创造自己和谐的人际关系。

职场中因为工作或其他一些原因，总会有一些是是非非，虽然我们不能无视它的存在，但至少我们可以远离它。一个拥有良好职业道德的员工是不会去谈论

第七章 弘扬合作文化，树立团体意识发扬团队精神

是非的，但会注重与团队其他成员进行沟通交流。新进公司，可以选择性地先交一两个可以很容易交流的朋友，通过他们的认可逐步获得整个团队的认可。从小事做起，谦虚谨慎，多办事，少张扬。尽量使自己的行为风格和团队的风格保持一致，不搞特殊化，在众人心中建立良好印象。

新员工要"在听中适应、在问中融洽"。平时要主动找机会跟同事聊，一般从问问题开始，团队业务问题、人事问题都可以问，不懂的要问、半懂的也要问，必要时还可以明知故问，多创造跟大家交流的机会；另外是要学会听，要主动听，必要时适当地附和两句、赞赏两句。有的时候当一个忠实听众更容易让大家喜欢。要用心听，听别人聊天，可以了解同事的生活习惯、个人性格、工作能力，可以了解单位人际关系等。

要学会"在工作中沟通，在生活中交流"。集体活动有机会一定要参加，比如聚餐、郊游之类，没有机会要自己创造，比如新到团队，为感谢大家，可以小范围约请其他团队成员吃饭等。

作为团队中的新人，首先要低调要谦逊，不要炫耀自己的文凭、容貌、后台、专业等，要知道天外有天，要抱着同事们就是自己老师的态度，要虚心学习。

每个员工都应该深刻意识到，只有融入团队，我们才能拥有帮助企业不断实现进步的力量。只有拥有团队意识发扬团队精神，我们才能够让企业的合作文化得到弘扬，才能够享受合作带给我们的诸多便利，才能让我们的价值得到更好地彰显。

融入团队，弘扬企业合作文化，应体现在我们职场生涯的每个阶段、每个方面。这个原则是无条件的，不管在哪个岗位上工作，也不管在哪家企业工作，只有恪守这个准则的员工才能成为被企业被同事认可的员工，才能赢得信任与尊重，才能获得事业与人生的发展。

4. 善用合力，真诚合作

我们知道企业需要伟大的员工，更需要伟大的团队。我们要想成为伟大团队中的伟大员工，除了要学会融入团队，还必须懂得善用团队合力，通过团队合作来把工作做得更出色。

在这个信息迅速膨胀和知识全面爆炸的时代，任何人都不可能掌握全部知识；我们表现得再出色，也无法创造出一个高效团队所能创造的价值。所以，在团队中不能一味强调个人力量、个人作用，而是要学会善用团队合力，与团队成员进行合作，这才是我们融入团队的意义。

要想利用团队合力高效完成工作任务，我们首先就必须对团队其他成员表现出充分的真诚与尊重。真诚和尊重是团队合作产生合力的前提。团队中的每一个人都有不同的性格特征，要想与同事达成良好的合作关系，就需要表现出对他人性格特点、行为方式以及核心工作理念与价值观的尊重，需要付出真诚，让对方知道我们希望合作的诚心。只有真诚才能使双方认真地对待合作。真诚能为双方的合作创造和谐轻松的气氛，还能使双方互相谅解，改变原先由于误解或别有用心等原因而采取的不友好姿态，从而起到"化干戈为玉帛"的良效。

为了表达自己的真诚，我们就必须将自己的意图、目标、需要与具体设想等坦诚地向对方交代清楚，而不是拐弯抹角、模棱两可。同时，要对对方的合理要

第七章 弘扬合作文化，树立团体意识发扬团队精神

求给予肯定，最忌弄虚作假、口蜜腹剑。我们不要总认为只有自己才足够聪明，认为自己能够用花言巧语来"糊弄"他人、利用他人。要知道，一旦这种行为败露，很有可能就再也得不到团队其他成员的信任，也没有人愿意与我们真诚合作，就更不要谈什么利用团队合力来更好完成工作了。一旦我们对其他团队成员表现出足够的诚意，在交流过程中以诚相待，那么对方往往也能够对我们敞开心扉，从而为工作上的合作打下基础。双方真诚交换意见，往往也能够找到更好的合作方式，达到最佳合作效果。

在李嘉诚创业初期，曾经因产品的质量问题造成了空前的危机，被客户退货、银行催款、原料商要账之类搞得焦头烂额。面对工厂的开工不足，他不得不裁减员工，而被裁的员工有的赖着不走，有的则指使家属来厂闹事；留下的员工也为自己的生计和工厂的前途忧心忡忡，整个工厂人心惶惶，士气低落。面对这一切，李嘉诚痛苦不堪。

细心的母亲发觉了李嘉诚的强颜欢笑，知道儿子遇到了困难，于是她给李嘉诚讲了一个故事：

很久以前，在潮州城外的桑埔山有一座寺庙。住持云寂和尚想在自己的两个弟子一寂和二寂中选一个继承衣钵。于是，他就把两个弟子召到住持室，交给他们每人一袋谷种，让他们去播种，等到谷熟丰收后再来见他，谁收的谷子多就让谁做未来的住持。谷熟之时，一寂挑来了一担沉沉的谷子，而二寂却两手空空。云寂问二寂原因，二寂很是惭愧地说，自己没有种好，谷子根本就没有发芽。云寂便让二寂做了未来主持。一寂很是不服，云寂便说明了原由，原来他给两个弟子的谷子都是煮过的，煮过的谷种又怎会发芽呢？

从这个故事中李嘉诚悟出一个道理——真诚是为人处世之根本。

于是，李嘉诚立即召开全体员工大会，会上李嘉诚作了深刻的自我批评，他承认是因为自己的经营失误才拖累了工厂。他真诚地给全体员

弘扬企业文化　争做优秀员工

工赔礼道歉，请求他们的谅解，并保证从今以后，自己会与员工同舟共济，决不会通过损害员工的利益来保全自己。

全体员工都被李嘉诚的真诚所感动，有些员工还流下了眼泪。由于李嘉诚能够真诚地善待员工，在全体员工及亲朋好友的努力下，长江实业终于渐入佳境！

只有每一个人都能够做到真诚合作才能够让一个团队一个企业形成良好的合作基础，从而产生强大的合力，这在如今已经是不争的事实。我们每个员工都应该明白，能否在团队中实现与他人的合作，能否利用团队合力来帮助自己更好地完成工作，这往往与年龄、学历或曾经的工作经历无关，甚至也不取决于我们目前的工作能力，成功的合作往往取决于我们的态度，只有真诚实在地寻求合作，才能够成功与团队其他成员建立合作关系。

此外，要想达到真诚合作，我们还需要学会"换位思考"，站在他人的角度考虑合作中可能出现的问题。有些员工在团队中与他人合作时，总是一门心思想自己能从合作中得到什么益处，自己如何在合作中占尽便宜，往往忽略了他人的利益。这样的合作方式可能能够让我们在一时得到好处，然而对方在体验过我们这种自私的合作方式后，往往不会再与我们进行合作。久而久之，我们在团队中就很难再找到愿意与我们合作的成员了。要想做到真诚合作，我们就必须能够站在对方的立场考虑问题，能够在合作过程中表现出关心他人利益、替他人着想的态度。倘若我们能够在合作中表现出这样的行为，相信对方也一定能被我们的真诚所感动，在合作过程中尽自己最大努力，与我们一起创造辉煌的成绩。

最后，真诚合作还要求我们要了解合作对象的特点，能够以最适合彼此的方式进行合作。当我们在团队中与其他成员进行合作时，倘若连对方最基本的工作方法、特长和喜好都不了解，那么在合作过程中难免会产生误会。例如，对方明明擅长细致的工作，却在一定程度上缺乏创造力，而非要在合作中让对方负责开拓创新方面的工作，而自己去做需要仔细耐心的工作。此时对方就很可能以为我们是在故意刁难，缺乏诚意。倘若我们从一开始就能够了解对方的特点，让对方处理最适合他的那些工作，对方一定会为我们对他的了解深感意外，从而萌生好感，主动承担合作中更多的工作，也在工作中更加尽力。

蒙牛集团董事长牛根生说："我们每个人的视野都是有限的，都不能穷尽所有，总有自己看不到的地方。在决策中，大家全都扮演着'盲人摸象'里的某个角色。因此，每个人都需要借助别人的眼睛来延长自己的'视线'。"而要想借助别人的眼睛我们首先就必须表现出自己的真诚，试想，谁会肯将自己的眼睛借给一个根本信不过的人呢？

只有真诚合作，我们才能够充分利用团队合作所产生的合力，才能够在一次次合作中深化我们与其他团队成员的情谊，才能够让企业的合作文化在团队中得到更好发扬，才能够让我们与团队一起在团队合作所产生的合力推动下更好更快发展。

5.

摒弃自私，懂得分享

团队之所以比我们个人的能力更加强大，关键就在于它能整合团队成员的优势，从而产生合力弥补不足。产生合力除了需要真诚的合作关系外，还需要每个团队成员都能够摒弃自私的思想，相互分享自己在团队中的工作收获。只有这样，我们才能够让整合优化过的信息在团队成员之间流通起来，才能够让每个人获得一定程度的提升，让团队整体的合力也大大加强。

弘扬企业文化　争做优秀员工

在工作中，有些员工即便进入了团队，采用了与他人合作的工作方式，却依旧没有改变一些自私想法，认为自己的经验不能随便告诉其他团队成员，否则自己就失去了在团队中的竞争优势；自己的功劳更不能与他人分享，这样就会让自己受到巨大损失。如果我们总是抱着这样自私的想法，那么肯定也无法做到我们之前所说的真诚合作，并且由于不愿与其他团队成员分享，我们也会阻塞他人与我们分享的途径，从而让自己在团队中被"孤立"，又回到了以往自顾自的工作模式，团队合作对于我们毫无意义。

只有摒弃自私学会分享，我们才能够得到团队其他成员信息上的支持，才能够从他人那里得到值得学习借鉴的东西充实自己、提升自己。分享是相互的，只有我们从自身做起，愿意与他人分享，对方才能够对我们敞开心扉，与我们分享自己在工作中的心得体会。这样整个团队就会在这种愿意分享的氛围中实现不同成员间的信息沟通，让每个人都能够取长补短、相互照应，形成强大的团队合力。

有一位风水师到山上帮一户人家看风水，爬到半山腰，他的水喝完了，体力也快用完了，这时，他看到山顶上有一间小屋。于是，他费了九牛二虎之力，慢慢地走到屋子前敲门。

前来开门的，是一位阿婆。"请给我一杯水……"风水师气喘吁吁地说。阿婆走进屋，倒了一杯水，接着又顺手抓了一把谷糠，将谷糠丢入水中。

风水师一边吹着谷糠，一边喝着水，心想："臭老太婆，我只是跟你要一杯水而已，你就心不甘情不愿，还在水里加了谷糠，害我必须边吹边喝，无法大口畅饮。"

这时，他又听到阿婆说："你肚子应该饿了吧，进来进来，我做菜给你吃。"风水师跟着阿婆进了屋，坐在客厅，耳边却传来了阵阵磨刀的声音，风水师心想："这老太婆该不会是想谋财害命吧？"于是，风

第七章 弘扬合作文化，树立团体意识发扬团队精神

水师赶紧问："阿婆，你现在做什么？""我在磨刀，等一下要杀鸡请你吃！"阿婆回应。风水师一颗心才放下来。就在吃饭的时候，阿婆知道了眼前这位中年人是个风水师，于是很高兴地说："我们家已经穷了好几代，都住在这间破屋子里，一直没有翻身的机会，可不可以请你帮我看一下风水，让我们后代子孙发迹？"风水师一听，心想：哼，刚才跟你要一杯水，你却故意让我没办法好好喝，现在轮到我让你好看了！他走出屋外，四处探了探，最后告诉阿婆："嗯，你这块地其实是旺地，只不过房子必须要坐东向西才会旺，所以你要赶快调整房子的坐向。"阿婆听了，好好地谢了风水师一番，却不知道，风水师告诉她的，其实是大凶的方位。

几年之后，风水师因为有事又来到此处，他想起了数年前的事情，暗自想：老太婆全家一定过得很惨……

于是，他照着记忆中走过的路，向阿婆的家走去。刚一上山，他就惊讶不已，怎么这条山路变得如此繁华，跟过去记忆中的模样完全不一样？

风水师继续往上走，来到了阿婆家附近，他发现这里竟然不可思议地成了一处非常热闹的集市。风水师四处张望，想找出当年阿婆所住的破房子，却怎么也找不着。就在这时，一位穿着讲究的妇人来到他的面前，瞧了他一会儿后大叫："我的大贵人，你终于来了！自从我发迹之后，一直想谢谢你，今天终于等到你了！"

"你是谁？"

"你不记得了吗？我就是当年请你喝水吃饭的人啊。"

风水师一惊，没想到昔日落魄的阿婆，竟然摇身一变，成了今天穿金戴银的贵气妇人。"快来我家坐坐，我要好好谢谢你。"阿婆说。阿婆带着风水师走入一栋非常豪华的房子，还招待风水师吃了一顿非常丰盛的晚餐。用餐的时候，风水师心中非常纳闷，明明他指点的是极凶的，怎么会变成大吉？风水师终于忍不住发问："阿婆，你是怎么发达

起来的?""这都是因为你的缘故啊!你说得真的很准,当年你告诉我房子改坐向就会旺,我心想,与其我一家旺,不如我们全村都旺,所以我就把这个好消息告诉大家,连别村的人都知道这里是旺地,纷纷跑来盖房子,所以我也就发达了。"

风水师一听,感到非常惭愧,也体悟到了只要懂得分享,连大凶都能破除的道理。接着,他又问:"阿婆,当年我只是跟你讨一杯水来喝,你为什么要在水里加谷糠呢?"

"哦,那是因为我看你累得气都要喘不过来了,如果立刻喝水,一定会呛到,所以我才故意放一把谷糠,让你不要呛到。"风水师这才知道,原来阿婆是出自一片好意,并不像他所想的那么尖酸刻薄。

故事中的阿婆之所以能够越过越幸福,关键就在于她懂得真诚地关心别人、懂得分享。在团队中,不藏私、懂得分享的人,人缘一定特别好,自然也就能够得到更多帮助,能够得到团队其他成员的信赖,在工作中自然更容易依靠团队的合力取得更好的成绩。

(1) 在心中树立团队意识和团队精神,自私将离你越来越远。

很多员工可能在进入一个团队之前,或多或少会有一些只为自己考虑的自私心理。然而当我们进入一个团队之后,就要明白自私是绝不可取的。我们要在心中树立起团队意识和团队精神,要一切以团队利益为重,以增加团队合力为出发点。只要我们能以此提醒自己,就能够在团队合作的过程中摒弃自私心理,因为要想给团队带来更大利益,我们就必须学会资源共享;同样,要想增加团队合力,我们就必须摒弃自私心理,做到与其他团队成员精诚合作。

(2) 学会分享你的资源。

在团队中,每个员工要想做到学会分享,那么第一步就是将你有助于团队更好完成任务、能够帮助团队其他成员解决工作中困难的资源拿出来分享。所谓个人资源,其实就是我们在工作过程中所总结出的经验技巧,在工作中所积累的人脉关系，以及在工作中通过自己的开拓创新所得到的新方法。只有将这些曾经被自己视为在企业中赖以生存的"独门绝技"拿出来与同事进行分享，我们才能够从同事那里学到他们的工作"秘籍"，才能够让整个团队在这种资源的共享中实现共同进步。

（3）别忽视分享你的心情。

有些人可能不理解，与团队其他成员分享心情能给团队带来什么样的帮助呢？作为团队成员，我们除了通过共同的团队利益达成合作关系外，通过感情的交流亦能够拉近彼此的距离。相比于为了团队利益的缘由，增进感情从而达成的合作关系往往更加牢固，也更有"人情味"。每个团队其实都需要团队成员之间进行感情交流，只有这样才能够增进彼此之间的友谊，才能够让团队凝聚力更强，产生更大合力。而团队成员间交流感情的一个很好方法就是不断与同事分享你的心情。例如我们刚刚在工作中遇到挫折，那么不妨向团队其他成员诉苦，说出你的心情，也让大伙帮助你分摊压力；而当我们在工作中取得了成绩，也应该与其他人分享此刻的喜悦，让大伙振奋精神，向成功努力。

（4）分享成功的果实才是分享的最高境界。

在职场上，当我们通过不断努力获得了成功和荣誉时，千万不要忘了我们的团队，不要忘了团队中曾经给予自己最大支持的成员。倘若没有他们，成功对于我们很可能还遥不可及。既然我们是因为获得了团队的帮助，借助了团队合力而成功，那么就应该本着"吃水不忘挖井人"的感恩之心与整个团队去分享我们的成功果实。只有这样，团队中的每个人才能把彼此当作最牢靠的合作伙伴，也能够给我们的团队带来好的分享风气，大大增加团队中每个人将分享精神贯彻到底的决心和动力。

作为团队中的一员，我们就要摒弃自私心理，懂得与他人分享。分享看起来好像是让我们失去了一部分东西，而实际上通过分享这一过程我们得到了更多。不要再将分享当作失去，恰恰相反，在团队中只有通过分享我们才能够得到许多曾经无法获得的宝贵财富。

6. 学会和谐相处，懂得宽容

如果说真诚构筑了我们每个团队成员之间沟通合作的桥梁，那么宽容就是让这座桥梁更加稳固的关键所在。在团队成员间的沟通合作过程中，难免会产生摩擦和误会，只有依靠宽容我们才能够让这些摩擦和误会不至于影响到彼此之间的感情，才不会让我们因"怒火攻心"而冲动犯下有损彼此合作关系甚至有损团队整体利益的事情。

我们经常在一些寺院里看到"笑口常开，大肚能容"的弥勒佛。开封相国寺的弥勒佛还有一首偈语："大肚能容，容天下难容之事；笑口常开，笑世间可笑之人。"可见，弥勒佛之所以能够笑口常开，就是因为懂得宽容。世界由无数矛盾组成，任何人和事物都不会是尽善尽美的。"金无足赤，人无完人""尺有所短，寸有所长""月有盈亏，潮有涨落"。作为一名员工，我们不该苛求其他团队成员，也不要苛求工作应该给予我们什么。常用宽容的眼光看世界、事业、家庭和合作，才能使我们有一颗平常心。

只有学会和谐相处，懂得宽容团队伙伴，我们才能够在遇事时保持冷静，用就事论事的客观态度进行分析，进而得出对团队工作有建设意义的见解。在团队协作时，难免会由于彼此间合作的不默契或是某一方出现失误而导致工作出现问题。此时如果我们不懂得宽容，那么就会在心中产生愤怒、急躁等消极

第七章　弘扬合作文化，树立团体意识发扬团队精神

情绪，从而影响我们对事情本身的正确判断，甚至发生对某些团队成员进行责备等破坏团队凝聚力的事情。我们只有学会宽容他人，学会与团队中每个人和谐相处，我们才能在遇事时保持冷静，用客观的态度分析事情始末，从而将问题及时解决。

只有学会和谐相处，懂得宽容团队伙伴，我们才能够同样获得他人的宽容，从而在团队中建立起和谐的人际关系氛围。人非圣贤孰能无过？每个人都有可能在工作中出现这样那样的失误。倘若我们对待同事不能宽容，那么当我们在工作中出现失误时，他人也一定会对我们加以苛责。而这种情况很快就会蔓延到团队中每个人，让团队中充斥着互相责备、互不信任的气息，影响整个团队的凝聚力。只有懂得宽容我们的团队伙伴，才能够在同样出现错误时获得对方的谅解，而在团队中形成相互宽容的和谐氛围，增强团队的整体合力。只有我们学会和谐相处，懂得宽容我们的团队伙伴，我们才能够在彼此宽容的过程中实现互相帮助共同进步。试想，倘若我们对一个人所出现的错误不愿意原谅和宽容，那么我们当然也就不可能愿意帮助他去纠正错误、去实现进步。这就让团队无法依靠互相帮助、互相分享来增强团队整体合力。只有我们学会宽容，才能在宽容心的作用下主动去帮助团队中的其他人，而对方受到了帮助自然也会怀以同样的心态来对待其他团队成员，于是互相帮扶的良好气氛就在团队中形成了。

一次，楚庄王设宴招待群臣和众武士喝酒，席间命令他所宠爱的美人劝酒。喝到傍晚，大家已经醉醺醺的了，突然一阵狂风吹过，把灯烛吹灭了，大厅里一片漆黑。黑暗中不知谁用手拽住了美人的衣袖，美人急中生智，一把拉断那人系帽子的带子，那人才松手去保护自己的帽子。美人乘机脱身来到楚庄王身边，向他哭诉被人调戏的经过，并说那个人的帽带已被她拉断，只要点上灯烛，就可以查出此人是谁。

楚庄王安慰她说："酒醉失礼是难免的。再说我哪能为一个女人而污辱臣下和武士呢！"于是就在黑暗中大喊："今天大家喝酒要尽兴，

谁的冠缨不断，就是没喝足酒，再罚他三大碗！"

群臣众将为了讨好楚王，纷纷都把自己的冠缨扯断，并喝得烂醉。等灯烛重新点燃时，大家的冠缨都断了，就是美人自己想查出调戏她的那个人，也无从下手了。

三年后，晋国与楚国打仗。战场上有一位勇士英勇善战，奋勇当先，五次交锋五次都是第一个冲杀在前，第一个带头打败敌人，最后楚国大获全胜。楚庄王很奇怪，问他为什么如此拼命。那位勇士回答说："末将该死，那次宴会上酒醉失礼，大王不但不治我的罪，还为我掩盖过失。我总想找个机会报答您。末将就是三年前那天晚上被美人扯断冠缨的人。"

宽容的力量能够让一个犯错误的人成为战场上最勇猛的战士，同样宽容的力量也能够让团队中的每个人都成为出类拔萃的员工。在工作中对待他人宽容一点对我们并没有什么损失，相反它会让我们得到许多宝贵的回报。

在清朝康熙年间，礼部尚书张英与同朝供职的叶侍郎两家因院墙发生纠纷，张老夫人修书派人送给张英。张英见信深感忧虑，回复老夫人："千里家书只为墙，让人三尺又何妨？万里长城今犹在，不见当年秦始皇。"于是，张老夫人令家丁后退三尺筑墙。叶府很受感动，命家人也把院墙后移三尺。宽容就是这样，它往往能够使人们的心理发生微妙的反应，它既然能够让两家之间的纠纷转变为"六尺巷"的千古美谈，同样也能够让团队中的每个成员和睦相处。

要想做到与团队中的每个成员和谐相处，学会宽容对待每个人，就必须首先学会忍让。对于伙伴的批评和他人的误解，过多地争辩和反击实不足取。唯有冷静、忍耐、谅解、退让最重要。忍一步心平气和，退一步海阔天空；让三分风平浪静，争一时人仰马翻。宽容实乃人际关系的润滑剂，它能减轻人际间的磕磕碰碰、摩擦和无谓的消耗，化干戈为玉帛。忍让不是软弱，而是能够理解他人和有爱心的表现；忍让不是怕别人，而是一种非凡的气度，宽广的

第七章　弘扬合作文化，树立团体意识发扬团队精神

胸怀。

学会宽容对待每个人，还必须学会"糊涂"。著名作家王蒙说："对待人际关系，我们宁失之糊涂、失之疏忽，也不要失之精明、失之盘算太精太细。"宽容乃大智若愚的糊涂，宽容并不是对歪风邪气的退让，更不是对违法乱纪的纵容，而是有原则地装"糊涂"。大事精明，小事糊涂，不失去原则，不较真细节。对于团队成员的一些无意的小过失，即便可能对个人利益有所损失，也不妨假装不知道，以确保团队利益和团队成员间的和谐关系。这样做看似让自己无谓地受到了损失，其实反而让整个团队都得到了更大的好处。打个比方来说，假如因为一点小事与其他团队成员发生口角，很可能导致一天的心情都不好，从而无法好好完成当天的工作任务，给自己和团队都带来损失；而如果假装自己并不知道，就能避免在无谓的争端中浪费时间，而把时间用来为团队创造更多的业绩上。

学会宽容对待每个人，要学会忘却。人人都有痛苦，都有伤疤，动辄去揭，便添新疤，旧痕新疤难愈合。忘记昨天的是非曲直，忘记先前的指责误解，我们才能够丢掉痛苦，获得快乐。放眼明天来日方长，学会忘却生活才会充满阳光和快乐。

学会宽容对待每个人，还要学会仁爱。仁爱是一种高贵的品质，大凡智者都怀有一颗仁爱之心。智者能容天下难容之事，因为他能世事洞明，人情练达；仁者能容世间喜怒哀乐，因为他怀有一颗仁爱善良的心。仁爱是一种美德，它能折射出一个人高尚的情操；仁爱是一种慷慨，在给予中获得幸福。

学会宽容对待每个人，就必须学会克制。一位外国作家说过："一个伟大的人有两颗心，一颗心在流血，一颗心在宽容。"宽容必然要"牺牲"自我，克制自己的私欲，控制自己的情绪，忍一时之辱，负一时之重。在现实生活中，在团队成员之间，有时难免有利益上的冲突和认识上的不统一，相互猜疑、相互忌妒，在有些情境中要做到宽容的确不是一件易事。要学会宽容，就要换位思考，多为对方着想，扬人责己，要有宽容的襟怀和气度。

人类史册上的一些伟人，往往历经生活的磨难，依然慈悲为怀，学会克制心中的不平与怨恨，这样才成就了伟人的风度。作为团队的一员，我们必须学会与每个同事和谐相处，学会宽容自己的团队伙伴，这样才能够让每个人的心都与我们紧紧相连，让团队拥有最强大的凝聚力，让团队成员的合作成为堪比伯牙子期的绝配。

第八章

弘扬创新文化，激发创造力争当企业创意先锋

在创新尚属于个别员工的杰出表现时，我们循规蹈矩的生存姿态尚可为时代所容。但是，在创新已经成为企业和员工进行生存竞争不可或缺的素质时，如果依然采用循规蹈矩的生存姿态，则无异于自我溃败。优秀员工永远不会是一个"跟风者"，而唯有创新才能够让我们成为站在职场最前沿的"领航员"。

弘扬企业文化　争做优秀员工

1. 融入企业创新文化，开发自己的创造力

自从人类历史迈入 21 世纪以来，一个与现代企业生命力息息相关的词语越来越多地出现在了企业员工的视线中，那就是创新。只有拥有创新能力的企业，才能在日趋激烈的市场竞争中不断"进化"，赢得属于自己的一席之地。也只有拥有创新能力的员工，才能真正融入企业的创新文化，成为最优秀的员工。

一个人的创新能力由两部分组成。一部分是他的智力，包括通常我们所说的知识和能力。知识学得越多、学得越活，这个人的创新能力可能就越强。所谓能力就是理解力、记忆力和想象力等的综合，这些构成创新能力的第一个层面，即人的智力。智力超群的人创新能力可能比较强。创新能力还有第二个层面，就是人在面对复杂的局面时，是否能够迅速抓住要害，找得出应对的办法来。这个层面的能力还包括在复杂的工作中，善于发现机遇并抓住机遇的能力。

不管是创新能力的哪一方面都不是与生俱来的，需要每个员工在每天的工作中通过科学的方法开发出来。只有对自己的创造力进行开发和引导，我们才能让自己拥有越来越强的创新能力，才能真正让自己融入企业的创新文化。

（1）不畏常规，敢于超越，增强创新意识。

创新是真正意义上的超越，是一种敢为人先的胆识。我们从应试教育中走过来，在学校中学到的与岗位相关的知识大多是老师机械灌输的，我们很少对此做

第八章 弘扬创新文化，激发创造力争当企业创意先锋

过独立的思考。大部分员工平时学习积累岗位知识的方式也很单调，基本上都是以背书、考核这样的形式来巩固自己的岗位技能。在这种情况下，我们唯有敢于打破常规，敢于超越自己在书本上或通过前任经验习得的岗位知识，增强自己的创新意识，才能够具备创新能力。

（2）培养各种职业素养和岗位能力，做到知识与能力并重。

创新不是一种简单的"包装"，它体现的是一种更高层次的能力，需要各种基础能力作为保障。要真正地具备较强的创新能力，我们员工就必须具备很强的综合岗位能力和综合职业素质，尤其是观察、分析和解决问题的能力，独立思考的能力和学习的能力，而这些要靠不断的思考与学习来获得。我们应该利用工作以外的时间，尽量去开发自己分析问题、独立思考的能力，可以让自己多尝试一些没有尝试过的活动。当我们通过各种探索式的活动不断加强对包括学习能力在内的各种能力的培养，积累起来，这些能力就成了一股不可战胜的力量。

（3）建立健全合理的知识体系。

一个人的创新意识可以在短时间内快速得到增强，但是一个人创新能力的提高是一个日积月累、循序渐进的过程。创新需要基础，一些世界级的重大科技成果都是对基础工作进行研究开始的。在这一过程中必不可少的一个环节是脚踏实地完成岗位本职工作，通过掌握岗位技能、总结岗位经验来获得真才实学，在此基础上融会贯通，构建健全合理的知识体系。当我们对自己的岗位工作已经建立了健全的知识体系，就可以灵活运用这个体系中不同方面的知识和经验，加入自己的想象力和创造力，完成工作上的创新。

（4）热爱工作，关注工作，享受工作。

热爱工作，关注工作，享受工作是创新的前提和基础。试想一下，如果员工自己都不热爱自己的岗位工作，对工作持一种漠视和冷淡的态度，又怎会去关注岗位创新呢？创新不可能凭空而来，它不是神话，它是实实在在存在于现实中的东西。我们只有热爱工作，关注工作，并好好享受工作，这样我们创新的灵感源泉才能永不枯竭，工作也才会在我们不断创新的过程中实现重大飞跃，我们也才

能融入企业的创新文化，弘扬企业的创新文化。

（5）正视创新的核心：创新思维。

创新能力一般被视为智慧的最高形式。它是一种复杂的能力结构。在这个结构中创新思维是核心。创新能力实质就是创造性地解决问题的能力。创新能力意味着不因循守旧，不循规蹈矩，不故步自封。随着知识经济时代的来临，知识创新将成为未来企业文化的基础和核心，创新人才将成为决定企业竞争力的关键。大量的事实表明，古往今来许多成功者既不是那些最勤奋的人，也不是那些知识最渊博的人，而是一些思维敏捷、最富有创新思维的人。当然，这并非说我们不需要获取知识不需要勤奋，只是我们要把勤奋和知识与自己的创新意识结合，这样才能够发挥自身潜能，创造更大价值。

对于每个现代企业的员工来说，开发自己的创造力、增强自己的创新能力既是时代对我们的要求，也是企业核心价值观对我们的要求，更是我们超越自我、实现进步的需要。我们只有不断融入企业创新文化，重视开发自己的创造力，让自己富有创新能力，才能够在这个职场激烈竞争的时代成为一名优秀员工。

2.

带着思想去工作，挖掘自己的智慧潜能

生活是由思想创造的。思路是行动的先导，也是成功的心灵密码。人因为有思想而伟大，我们员工则因为带着思想去工作而成就光辉的业绩。我们只有学会带着思想去工作，才不是企业中的"行尸走肉"，才能成为企业真正的灵魂员

第八章　弘扬创新文化，激发创造力争当企业创意先锋

工；我们只有学会带着思想去工作，才能踩着一次又一次的困难创造出工作中的一个又一个奇迹；我们只有学会带着思想去工作，才能挖掘自己智慧的潜能，让自己离成功又近了一步。

在工作中，我们经常看到这样的现象：一起到一家公司的两个人，几年后却产生了巨大差距。一个人成为公司核心员工，一个人却原地踏步，碌碌无为……那么，是什么造成了两个人如此巨大的差距呢？正是因为是否带着思想去工作，是否在工作中不断发掘自己的潜能。

工作就是充实自我，表达自我，成就自我，需要人们用灵魂去做事情。如果仅仅将工作当成糊口的手段，把工作视为一种负担，应付自己的工作，那么不仅在物质上会失去很多，在精神上也会失去很多。随着新经济时代的到来，员工仅仅本分地完成工作，尽职维护企业利益已经远远不够，只有在工作中充分发挥思想的作用，不断转换自己的思维模式与观念，才会为企业创造更多价值，才能不断地完善和充实自己，不断挖掘出自己的智慧和潜力。

（1）用心去做事，在工作过程中不断认识自我。

当我们回想过往，从学校毕业进企业，也许一切还算顺利，想来可以衣食无忧，能在社会上生存下去了。于是精神上慢慢懈怠，激情已没，雄心已逝，壮志也懒得酬了，因而很多人不知不觉在这已逝的十几年里一无所获。难道我们就希望自己成为一名碌碌无为的普通员工吗？当然不是。

工作是体现人生价值的途径，是幸福的差事。在工作中发现自己的使命，并努力发掘自身的价值，才能明白工作的意义所在。所以，我们要坚持一种理念，"是我需要工作，而不是工作需要我"。我们的思想和观念，既来自于日常的思维，又需要交流和历练，沟通和交流也会使人产生更多的想法。我们应在日常工作和生活中不断训练和深化自己的创新思维，充实自己的思维。在日常工作中，我们自己要注意不断和同事交流，从不同的角度去审视岗位、审视工作，这样我们的思想就会变得丰富，就会正确观察客观事物的本质，从而产生更多的、切合实际的思想，就会形成有效的工作思路和方法。

(2) 不断学习，在学习中矫正自己的认知。

在这个知识与科技发展一日千里的时代，知识、技能的折旧越来越快，不通过学习、培训进行技能更新，适应力就会越来越差。我们要时刻记住，迫切需要改变的是我们自己。众所周知，工作是周而复始地做着同样的事情，是枯燥无味的，因此我们每个员工都要耐得住寂寞。每天的日常工作很多都是烦琐的事情，但是，当我们真正尽力将它们完成好，依旧会获得极强的成就感。但受知识的局限，我们在工作方面可能还有很多不足，迫切需要提高，形成自己岗位所需要的一套知识体系。因此，工作中我们要树立与时俱进的学习观、工作观，不断充电，充实自己、提高自己，以便熟练地驾驭我们的工作。无论是谁，在工作中一定会遇到各种问题，我们可以通过学习改善思维方法来把工作做好。

(3) 用激情创造未来，用思索成就工作。

激情是鞭策和鼓励我们奋进向上的不竭动力，只有对工作充满激情，才能使自己对工作中的困难和障碍毫不畏惧，才不会把工作看成是永无休止的苦役。带着激情每天多做一点事情、多加一分努力，大到企业整体的任务，小到自己岗位上每一个工作的细节，甚至是接听一个电话、整理一份报表，只要能"多加一分努力"，把它们做得更完美，就会使自己得到数倍的回报，为企业创造数倍的价值，让自己拥有更多的发展机会。

用力只能做到称职，用心才能做到优秀。我们除了需要激情，同样也需要在工作中不断思索。只有这样我们才能真正做到带着思想工作。通过在工作中不断思考，我们往往能在不经意间点燃自己灵感的"火花"，发掘出连自己都想象不到的巨大潜力。

永远记住，工作不仅仅只是重复的劳动，更不只是我们"喂饱自己"的手段。工作是我们毕生的事业，值得我们投入最大的精力。带着我们的思想投入到工作中，不断发掘自己的潜能，我们每个人都能成为最优秀的员工，我们每个人都能在工作中实现自己真正的价值，展现自己真正的魅力。

第八章 弘扬创新文化，激发创造力争当企业创意先锋

3.

更新观念，突破思维的局限

所谓创新思维其实就是以新颖独特的方式对已有信息进行加工、改造、重组，从而获得有效创意的思维活动和方法。既然要通过新颖独特的方式去加工、改造我们获得的信息，那么就必须突破自己的思维定式和局限，更新自己的观念，以全新的思维模式对固有的认知进行整合。

现代社会已步入创新时代，人类的创造力正以前所未有的速度发展着。随着全球经济一体化、信息技术的快速发展，知识爆炸、新的职业、新的技术等不断冲击着我们的生活，我们的思维方式、生活方式和工作方式也随之发生改变。无论是员工还是团队乃至企业，在这个充满变化的社会中都面临着新的考验。在这样的时代只有不断地创新，我们才能发展和生存。世界首富比尔·盖茨曾经说过：可持续竞争的唯一优势来自于超过竞争对手的创新能力。因此，我们每个员工都应该在工作中不断去更新观念，跟上时代变化的步伐，"升级"自己的思维模式，突破思想的禁锢。

在工作当中，所利用的各类技术都是创造性思维的产物，我们只需熟练掌握并加以利用就可以，在这些新技术层面我们不会像专业研发人员一样做出很大的创新。但在实际应用过程中，根据我们工作岗位中的实际情况，在利用环节中我们每个员工都能够做出很多"小"的创新。我们需要在生产环节、办事流程、

弘扬企业文化　争做优秀员工

安全措施、管理制度、市场开发等方面，为自己多提出一些问题，再通过更新自己的观念来解决这些固有问题，锻炼自己全方位多角度的思维能力，进而突破自己的思维极限。

在一所著名高等学府的课堂上，教授向学生提出一道颇具挑战性的问题："世上的万事万物都是由上帝创造的吗？"

一位学生勇敢地回答说："是，都是他创造的。"

教授又问："上帝真的创造一切吗？"

那位学生回答："是的，教授，当然一切都是他创造的。"

教授接着问："如果上帝真的创造万物，那么邪恶也是上帝创造的。既然邪恶存在，根据外在行为反映一个人内心的原理，我们可以假定上帝是邪恶的。"

那位学生沉默不语，没有回答教授这个假设性的陈述。

那位教授非常自豪地向学生夸口说，他又一次证明基督教的信仰只是个神话。

另一位学生举手发言："教授，我可以请教您一个问题吗？"

教授回答："当然可以。"

那位学生站起来说道："教授，寒冷存在吗？"

教授回答："这是什么问题？它当然存在。难道你从不觉得冷吗？"

其他学生纷纷窃笑那位年轻人的问题。

年轻人回答说："教授，事实上寒冷并不存在。依据物理定律，我们之所以会感觉冷，是因为缺少热能的缘故。每个人或物体对能量的获得或传送的情况，都可以测得出来，而热能就是这个使人体或物体获得或传递能量的东西。绝对零度（摄氏零下273度）时完全没有热能的存在。在这个温度时，所有物体分子都呈现静止状态，不会发生任何反应。所以实际上寒冷并不存在，我们创造这个词汇是为了描述没有热能

第八章　弘扬创新文化，激发创造力争当企业创意先锋

的感觉。"

那位学生接着又问："教授，黑暗存在吗？"

教授回答："它当然存在。"

那位学生说："您又错了，教授，黑暗也不存在。黑暗其实是因为缺少光的缘故，我们可以研究光线，但无法研究黑暗。我们可以用牛顿的三棱镜把白光分成许多颜色的光，并研究每种光的波长。不过我们却无法测量黑暗，因为只要一道光线就可以划破并照亮一个黑暗的世界，所以我们如何能知道一个空间有多黑暗？我们只能够测量光的强度，不是吗？黑暗是人类用来描述没有光线存在时的一个词汇。"

最后这位年轻人问："教授，那邪恶存在吗？"

这回教授的回答有些迟疑，他说："也可能。就像我之前所说的，我们每天都会看到邪恶。每天都有人类以不人道的方式对待他人的例子。它存在于世界各地的许多罪行和暴力之中，这些不是邪恶是什么？"

那位学生回答道："邪恶并不存在，教授，至少可以说邪恶本身并不存在。会有邪恶只是因为心中没有上帝，就像黑暗与寒冷一样，邪恶是人类所创造的一个名词，用来描述心中没有上帝的情况。所以上帝并没有创造邪恶，它是人类心中缺乏上帝之爱的结果，就好比寒冷源自于没有热能，黑暗源自于没有光线。"

教授若有所思并问道："年轻人，你到底是谁？"

那位学生回答道："教授，我的名字叫做艾尔伯特·爱因斯坦。"

没错，正是因为爱因斯坦在学校学习时就能够懂得去打破自己的思维定式，更新人们对很多事情的固有观念，最终才能够在一次次突破思维极限的过程中提出了震惊科学界的相对论。也许我们不可能像爱因斯坦那样富有创新能力，也没有他那超越常人的智慧，但是只要我们善于通过思考和学习不断更新自己的观念，不断突破自己的思维极限，也一样能够有所创新。从而在工作中取得更大成

就，为企业建功立业。

当然，要想真正实现让自己的观念得到更新，让自己突破思维极限，就必须遵循科学的方法。突破思维极限并不是去毫无意义地打破常规，而是要在打破常规的过程中让我们的岗位认知和工作方法得到提升。

（1）突破思维极限的关键在于打破思维定式。

每个人在工作和生活中会形成一些固定性、模式性、习惯性的思维方式，我们称之为思维定式。思维定式有利于常规思考，但对创新会起到阻碍作用。所以，要实现创新，就要努力打破思维定式。诚如美国著名企业家福特所说："人总要受沿袭已久的陈规旧习的支配，这在生活中是允许的，但在企业中是必须排除的恶习。"

要想打破思维定式，我们就必须学会在工作中多用几种角度去看待问题，多尝试几种方式去解决问题。思维定式就是在一次次不同的尝试之中被打破的。打个比方来说，假如我们在工作中遇到一个问题，只用一种方式去解决它，那么就会认为只有通过这种方式才能最好地解决这一问题；而如果我们从一开始就多尝试几种方式，很可能就会通过比较找到最优方法，从而打破思维定式实现创新。

（2）解放思想、更新观念，摆脱固有经验对我们思维的禁锢。

在工作中，吸取前人的经验教训能够让我们在工作中少走弯路，能够让我们便捷地找到解决许多固有问题的方法。然而，如果我们一味笃信固有的经验所形成的观念，那么我们将很难突破自己的思维极限，也很难在工作中实现创新。我们要不断在心中告诫自己，前人的经验和观念固然值得学习，然而我们必须从客观的角度去对这些经验与观念进行分析，看它们到底适不适合现如今我们的岗位需求。只是一味照猫画虎式地去照搬前人的经验与观念而不加入自己的思考，我们的思想很可能就会被这些固有观念禁锢，无法实现创新。我们每个员工，都应该解放思想，要不断对自己的观念进行更新，让它们更符合我们现如今的岗位需求和企业需要，做到利用经验但不被经验所束缚。

第八章 弘扬创新文化，激发创造力争当企业创意先锋

（3）独立思考、坚持己见，学会抵御外界干扰。

每一种创新在从想法转变为现实的过程中，都免不了会受到外界的干扰。例如，有些人会认为我们的创新思维太过荒诞根本不可能实现；而有些人可能对我们这种坚持创新的精神并不理解，认为使用原有的方法也没什么不好；还有些人可能出于好意总是给我们"出谋划策"，但这些计策却并不一定是正确的。如果我们受到了这些外界的干扰，很可能就会在更新自己观念时产生犹豫，甚至在超越自己思维极限的过程中半途而废。

我们要想让自己具有真正的创新精神，突破自己的思维极限在工作中实现创新，那么就必须学会抵御这些外界干扰，学会独立思考，坚持己见。我们要明白他人的很多说辞并不一定是正确的，如果我们的理念是经过科学分析和实践证明的，是具有很大可行性的，那么就一定要坚持己见，力排众议。我们在突破自己思维极限的过程中所表现出的行为，很大程度上也超出了其他人的思维极限，因此遭受不理解和非议是再正常不过的。我们可以在更新自己观念突破自己思维极限的过程中与其他同事讨论、征询他人的意见，但是要对这些意见进行分析，去其糟粕留下对我们有用的部分，帮助我们更好实现创新。

（4）保持自信、永不言败，在突破思维极限的道路上没有人能一次都不摔倒。

对于每个想不断更新自己观念，不断突破自己思维极限的员工来说，我们都是在做一件大部分人都没有做过的事情，我们都是那"第一个尝试吃螃蟹的人"，因此遭遇失败可以说是必然的。如果我们一经历失败就认为自己的尝试是错误的，那么我们在创新的道路上将永远得不到成功。

在哪儿跌倒就在哪儿爬起来，要坚信自己一定能够成功突破自己的思维极限。通过对失败的总结，我们能够得到许多有用的经验，让我们调整自己更新观念的方法或方向，让自己离成功实现创新又近一步。古往今来，几乎每个走在创新路上的人都经历过失败，尤其是那些给整个时代带来了巨大变革的顶尖创新人才，更是承受了比常人更多的失败。然而他们之所以最终获得成功，就是因为始

终保持着自信，永不言败。

对于每个员工来说，要想走出创新的第一步，都必须学会更新观念，突破自己的思维极限。也许突破思维极限的道路并不好走，然而只有坚持下去，我们才能够为最终实现工作中的创新打下良好的基础，才能够让自己的事业和企业因为创新而拥有更强大的生命力。

4. 改变方法，苦干实干更要巧干

只有不断更新观念，突破自己的思维极限，才能够为实现创新打下基础。然而，如果我们仅仅是从思想上更新了观念，突破了思维极限，并不会对我们的实际工作产生直接的有益影响，只有我们把这些观念和创新思维落实到实际行动中，优化我们的工作模式，我们才能够真正将创新落到实处，真正对我们自己的岗位工作乃至对整个企业的发展产生推动作用。

对于我们每个员工来说，在工作岗位上埋头苦干都是作为优秀员工的基本素质。然而如果仅仅是苦干实干很可能不会创造出很大的价值，在工作中我们更要学会巧干，优化工作模式，改进工作方法，让我们的工作更有效率，才能达到事半功倍的效果。

所谓"巧干"，就是指在做事情时，要用心干事、用脑干事。鲧治水，逢洪筑坝、遇水建堤，一律"堵"字当头，结果无功而终。一味蛮干，往往是"竹篮子打水一场空"，既付出了无数的心血、汗水，又得不到应有的结果、实效。

第八章　弘扬创新文化，激发创造力争当企业创意先锋

只有边干边总结，理论联系实际，用正确的科学观、方法论来指导实际工作，才能事半功倍。巧干不是与生俱来的，它是基于对某项工作、某件事情的深刻认识和把握，是苦干、实干的升华。所以说，我们每个员工都要用最符合岗位实际的观念、办法去破解工作中的难题、化解工作中各方面的矛盾，找准突破口。

天才幽默大师卓别林家喻户晓，但有个歹徒却不认识他。有一天，他见卓别林一人在街上行走，便拿出枪来指着他的头打劫。卓别林知道自己处于劣势，所以不做无谓抵抗，乖乖奉上钱包说："我是个小职员，这些钱不是我的，是我老板的，现在这些钱被你拿走了，老板一定认为我私吞公款。兄弟，我想和你商量一下，拜托你在我帽子上开两枪，证明我被打劫了。"

劫匪心想，反正这笔钱归我了，不妨就满足他这个小小的愿望，于是对着卓别林的帽子开了两枪。

卓别林又说："谢谢。兄弟，可否在我衣服和裤子上再各补一枪，让我老板更加深信不疑。"头脑简单、被钱冲昏头的劫匪统统照做。

卓别林不知道他枪膛里是否还有子弹，又要求道："你能不能朝天开两枪，然后我再奔跑，让人家相信我是被打劫了。"劫匪又得意洋洋地朝天开枪，可枪膛里的6发子弹已全部打光了。这时，卓别林一拳挥去打昏劫匪，取回钱包，喜笑颜开地离去了。

过了几个月，卓别林结束演出深夜从剧院回家，路上又遭遇那个劫匪。劫匪拿枪顶着他的头冷笑道："哈哈，卓别林先生，我现在可认识你了。不过，你还记得我吗？"卓别林摇摇头。

劫匪说："你要不要我在你帽子、衣服和裤子上各开两枪？然后不放心我枪膛里还有没有子弹，再要求我朝天开两枪？"

卓别林装作胆战心惊的样子说："你要怎样？"

劫匪说："你别害怕，我不会伤害你，我只要钱。"

· 165 ·

弘扬企业文化　　争做优秀员工

卓别林说:"我身上没有钱,不过,我有今晚演出的一万美元支票。"卓别林掏出支票,在上面签了名就给了他。

那张支票的确太诱人了,但劫匪拿它到银行兑现时立刻被警察抓了起来。

倘若卓别林在遇到劫匪时只知道一味蛮干,那么他很可能早就葬身在了那次抢劫当中。对于员工来说,也许在工作中的蛮干并不会让我们有性命之忧,然而却会让我们停滞不前,让我们的事业失去生命力。

毫无疑问,要推动事业发展开创工作新局面,我们在岗位上除了发扬"老黄牛"精神,坚持苦干、实干外,还须做到巧干。巧干,不是偷懒和投机取巧的代名词,而是讲究工作方法、工作技巧、工作艺术的同义词。之所以强调要巧干而不要蛮干,一个重要的原因是为了增强工作的针对性,切实提高工作效率,确保事半功倍。巧干,就是要求我们办事不盲从、不机械,坚持统筹兼顾,深谋远虑,努力做到突出重点、突破难点、引导热点;就是要求我们必须向理论学习,向实践学习,向社会学习,不断总结经验教训,提高办事能力;就是要求我们必须加强创新,尤其要用新眼光观察问题,从新角度提出问题,用新思路分析问题,用新方法解决问题。

(1)让自己具备"一种意识,两项技能"。

所谓一种意识,就是工作中要意识到想掌握好的方法技巧,大脑里面必须经常有创新意识,即经常问自己:有没有更好的方法去解决我在工作中发现的某些问题呢?很多人是不具备这种意识的,一接到任务想也不想马上就做,结果做到一半发现没有进展,于是又从头开始。结果完不成任务不说,还浪费了时间和成本。

有了创新意识,还需掌握两项技能:学习、总结。

学习的能力对每个员工来说都是非常重要的能力,也是通过创新实现工作方法上的突破所必不可少的能力。只有不断学习新知识,并把这些知识与自己的岗

第八章 弘扬创新文化，激发创造力争当企业创意先锋

位特点相结合，与自己的实际工作相结合，我们才能够找到解决问题的新方法，让工作更有效率。除了学习，我们还必须拥有总结的能力，要能够对自己的工作方法进行总结，对自己工作中遇到的问题进行总结，对自己拥有的经验和能力进行总结。只有通过不断总结我们才能够将自己所拥有的各种资源和技能分门别类，以便高效解决工作中的难题。

（2）要善于将自己的岗位知识与实际工作相结合。

对于每个员工来说，之所以能够在自己的岗位上进行工作，是因为具备了胜任这个岗位的相关知识。而很多时候，我们并没有将自己的岗位知识充分进行调动和发挥，将它结合到实际工作中，这也就是很多人在工作中屡屡碰壁，总是找不到好的工作方法的原因。在日常工作中我们应该更积极地去调动自己的岗位知识，在实际工作中遇到问题首先尝试用自己的岗位知识去解决。在这一过程中，我们很可能就会联想到一些已经渐渐被我们淡忘的知识，而当我们将这些知识通过创新思维的加工应用到实际工作中时，我们可能就找到了"巧干"的法门，从而让我们的工作更有效率。

（3）要学会如何利用前人的经验，而不是走进"经验"的牢笼。

很多时候，我们之所以没有办法在岗位上实现创新，并非我们不具备足够的智慧或是岗位技能，而是因为我们得知了太多的"经验"。在工作中，我们都会运用前人的经验来指导我们的实际工作以提升工作的效率和质量。然而，利用经验绝不是让我们照搬经验，如果在使用前人的经验时不去加入自己的理解和创新，那么这些经验很可能不但不会帮助我们提高工作效率和质量，反而会成为我们的"拖累"。不管是对于我们实际工作多么有意义的经验，在使用时我们都要进行思考，对经验中的每个内容进行推敲，考量它是否真正适合我们现如今的岗位需要。如果与我们的岗位需要有一定差异，那么就要用我们的创造力去"加工"这些经验，让它们变得适合我们的需求。

如果说苦干、实干是一个态度问题的话，那么对于每个员工来说巧干便是一个能力的问题；如果说，苦干是实干的前提，实干是巧干的基础的话，那么，巧

弘扬企业文化　争做优秀员工

干便是苦干、实干的必然归宿。从这个意义上说，三者是紧密结合、不可或缺，且是相辅相成的，它们互为条件、互为手段、互为目的。相信大部分员工已经能够做到苦干、实干，那么就更需要在巧干上下功夫，充分发挥自己的创新能力，改善、优化自己的工作方法，让我们的工作更有成效。

5.

立足岗位，把自己的岗位变成创新的舞台

　　说了这么多关于创新的话题，相信每个员工已经意识到了创新对于我们职业发展的重要作用，创新文化对于企业进步的深远意义。那么，员工究竟应该从哪些方面入手去发挥自己的创新精神和创新能力呢？当然是从做好本职工作入手。我们只有立足岗位，把自己的岗位变成创新的舞台，才能够真正把创新精神和创新能力用到实处，用到企业最需要的地方。

　　虽然创新成果实践意义有大小，应用价值有高低，但是只要是创新，就会对企业发展有益。从一个普通员工角度来说，"立足本职岗位，努力创新工作"就是最大的创新。本职工作是最具体的工作，如果每个人把本职工作做好，把公司和团队制订的所有工作任务落到了实处，就有了成功的基础和保证。

　　　　37岁的王洪军，在一汽集团车间钣金整修这一岗位上已经整整工作了17年。

　　　　以前，一汽使用的整修工具完全是从德国进口的，一套工具就得5

第八章 弘扬创新文化，激发创造力争当企业创意先锋

万元左右，而且有些缺陷还无法修复。为了让车身修复达到理想的效果，王洪军开始想办法自己制作工具。王洪军试探制作的第一件工具是修理车身侧围和顶盖的钩子。这个钩子投入使用后，效果非常好，大家都说用起来顺手、有效。从此，王洪军对制作工具着了迷。白天在工厂修复车身，晚间就琢磨制作工具，然后再拿到现场反复调整。他制作的工具技术含量也越来越高，由 Z 形钩、T 形钩等单件工具，到多功能拔坑器等组合工具。17 年来，王洪军共制作了 47 种 2000 多件工具，满足了多种车型各类缺陷的修复要求，使整车质量、生产效率都有了很大提高。

王洪军在发明制作工具的同时，又开始着手探索快捷有效的钣金整修方法。他把自己掌握的整修技能和研制的一些先进方法和技巧进行整理、归类，创造出了 47 项 123 种非常实用又简捷的轿车车身钣金整修方法，并整理出版了《王洪军轿车车身返修调整方法》一书。2003 年 4 月，王洪军的方法通过了一汽大众中、德质保专家组织的评审和鉴定，被正式命名为"王洪军轿车快速表面修复法"。专家一致认为，王洪军的快速修复法对车身表面钣金修复和调整具有重大的实用价值，居国际先进水平。

仅用了 5 年时间，企业用王洪军的工具和修复法所创造的直接经济价值，就高达 3400 多万元。

在一汽，除了钣金维修技术，王洪军的展车制作技术也让外国专家折服。展车制作对操作者来说要求非常高。2003 年以前，一汽大众的展车每年都要花费大笔资金聘请德国专家来做。为了给公司节约资金，王洪军开始利用一切机会学习、揣摩做展车的技术。外国专家一动手干，他就在边上仔细看，专家下班了，他就在废件上反复练。经过几年积累，他熟练掌握了 10 种展车制作方法。2003 年，一汽大众采用了王洪军做展车的方法，两周内就出色地完成了德国专家通常需要一个月才

能完成的任务，结束了公司每年要花费大笔外汇聘请德国专家做展车的历史。在3年的时间中，王洪军共制作展车近200台，为公司节约费用700多万元。

10几年来，王洪军带了很多徒弟。在他的精心培养训练下，一汽目前已形成了一支200多人的高技能钣金整修队伍，这是一支生产精品轿车的精锐部队。他的很多徒弟都成了钣金整修的专家，成为所有车型整修线上分兵把口、攻坚克难的带头人。

王洪军正是立足于自己的岗位，把创新精神和创新能力运用在本职工作中并取得巨大成就的杰出代表。他既为企业创造了巨大的价值，也成为了行业中的领军人物，实现了自身的职业目标和价值。我们如果想要成为优秀员工，想要成为行业里的"排头兵"，那么也需要以本职岗位为依托，让岗位成为我们创新的舞台，在岗位上运用我们的创新精神和创新能力实现一个又一个突破。

要想让我们的本职岗位成为创新的舞台，首先就要求我们要在学习中实践岗位工作，在岗位实践中积极创新。必须做好本职工作，做到不拖团队和企业的后腿。通过学习别人的工作方法、学习生产流程来丰富自己的岗位经验、提升自己的岗位技能。有了充足的岗位工作经验和不断熟练的岗位技能，我们在今后的工作中才能放开手脚地做，也才有余力去发挥自己的创造力改进工作方法，实现在岗位上的创新。

其次，我们要把自己的创新方向定位在自己最熟悉的岗位工作上。有些员工虽然具有创新精神和能力，然而却没有把它们发挥在岗位工作中，总是好高骛远地想要凭一己之力去改变企业的整体状况，这是不现实也是不科学的想法。我们作为企业中的普通一员，能力十分有限。因此，只有着眼于自己的岗位工作，把自己的创新能力与最基本的岗位工作结合，我们才有能力将创新转化为现实，真正为我们自己的工作和整个企业带来好处。

最后，我们要以实际行动将创新点子转化为创新成果。如果我们的创新思维

第八章　弘扬创新文化，激发创造力争当企业创意先锋

已经孕育出了有助于改进自己岗位工作的创新点子，那么就一定要立刻着手行动，把心中的想法与实际工作结合，通过实践来将想法转化成为实实在在的成果。只有用行动去验证我们的创意，用行动去实现我们的创意，创新精神和创新能力才能最终结出果实，让我们自己和企业都从中获益。

如何抓住机遇，尽自己微薄之力帮助企业实现跨越式发展，是我们每一个员工都应该思考的问题。只有每个员工都能立足岗位，务实创新，按照"高境界、高标准、高起点、大作为"的要求，切实做到从思想上重视创新，从行动上落实创新，就一定能在平凡的岗位上取得不平凡的成绩，能切实地为我们的企业做出更大的贡献。

第九章

弘扬拼搏文化，永不懈怠成就卓越的自己

　　智者创造机会，强者把握机会，弱者等待机会。让我们以不懈的拼搏成就更卓越的自己，成为拥有大智慧的优秀员工。记住：爱拼才会赢。发扬拼搏精神，在成功的道路上永不懈怠，我们终将成就最卓越的自己。

弘扬企业文化　争做优秀员工

1. 从企业文化中吸取拼搏的动力

伏尔泰曾经说过："伟大的事业需要始终不渝的拼搏精神。"企业要想快速发展，需要每一个员工都拥有拼搏精神；每一个员工要想实现自己的发展，也需要以拼搏精神积极进取。成功的花，人们只羡慕它现时的明艳，然而当初它的芽儿，浸透了奋斗的泪泉，撒遍了拼搏的血雨。

没有拼搏，哪有成功？只有拼搏才能进取，只有拼搏才能激发我们的潜能，只有拼搏才能让我们取得成功之钥。对于每个员工来说，从选择在自己的岗位上拼搏的那一刻起，就应该拥有顽强的意志和坚定的信念。拼搏可以化逆境为顺境，有了拼搏，成功之路将展现在我们面前。

它是一只非洲狼，不知为何，一出生它的一条腿就比其他三条短了一截。在弱肉强食的动物世界，这是致命的缺陷。当有人发现这只跛狼时，断言它将活不过童年。

在哺乳期，这只跛狼就呈现出生存的艰难。它总是落后于兄弟姊妹抢得母亲的乳头，甚至有时候只能等兄弟姊妹饱餐之后，才能在母亲早已干瘪的乳房上费力地吮吸一阵儿。

哺乳期的竞争还算不上激烈。三个月后，它们的食物来源主要是父母

第九章 弘扬拼搏文化，永不懈怠成就卓越的自己

捕杀回来的野兔、羚羊等动物，这时，小跛狼的生存面临了更大的危机。

小跛狼通常是等别的小狼享受完盛宴之后，才能去捡食那些剩下的骨头和皮毛，它的母亲对它的处境始终视而不见。在动物界，母亲从来不去偏爱、袒护某个子女，哪怕它弱小得急需帮助。也许，对于这只可怜的跛狼来说，它接下来的命运就是饿死。

但事情总有例外，在经历无数次挨饿的痛苦后，小跛狼有一天突然做出了惊人之举。那一天，当它发现自己根本无法接近食物时，它愤怒地咬住一只争抢者的后腿，死劲地往外拖；受袭者一声尖叫，退出了争抢的队伍，小跛狼立即坚定地插了进去。那天，它第一次饱餐了一顿。此后，这种激烈的抢食方式让小跛狼受益匪浅，它最终成功地成长为一只成年狼。

狼是群居动物，它们共同捕食、共同享用战果。在狼群中，贡献最小者通常会被同伴逐出领地，成为流浪狼，其结果将是死路一条。这也是自然法则之一，弱小者会削弱整体的战斗力，不利于整个种群的发展壮大，甚至会拖垮整个狼群。

要想在群体中继续生存下去，跛狼必须成为捕食能手，最起码不能拖大家的后腿。这对一只先天残疾的狼来说，无疑是极大的挑战。然而一切再一次出乎预料，成年后的跛狼在捕食活动中表现不俗，尽管它的速度略逊于同伴，但它的敏锐力和耐力比同伴更强。它总能最先发现易攻击的捕食对象，并第一个冲上去。更可贵的是，它能以惊人的持久力追击猎物。有时候，眼看猎物就要逃脱狼群的围剿，它仍坚持追击，独自与猎物争斗，它曾多次被黄牛高高挑起，重重摔倒后又迅速爬起与对手相搏。常常在它的最后坚持下，整个狼群获得了更多的战利品。

跛狼不是集体中最优秀的，但它是最尽力、最拼命的，它通过拼搏而为集体做出的贡献是不可小觑的，这让它在狼群中获得了同伴的敬重和不可动摇的地

位。我们绝大部分的员工都不存在先天的缺陷，要说有那可能就是我们缺少了一份拼搏的精神。只要我们在工作中能以拼搏精神将每件事做到最好，相信我们也能够为自己的团队和企业做出最杰出的贡献，让每一个人都对我们刮目相看。

想要形成这种在岗位上不断拼搏的品质，最需要的就是一种强大的动力，一种能够促使我们做出再大牺牲也要将拼搏精神贯彻到底的动力。对于每个企业员工来说，从企业文化中吸取这种拼搏的动力是再好不过的。

（1）从企业的核心价值观中找到拼搏的目标。

要想获得拼搏的动力，那么我们就一定要给自己树立一个远大的目标。只有目标明确才能够有前进的动力和努力奋斗的勇气。对于每个员工来说，既然我们选择了某一企业并坚持在其中工作，那么就证明企业的核心价值观是我们所认同的，是与我们个人价值观相一致的。那么，不妨从企业核心价值观中找到我们为之奋斗和拼搏的目标，以实现企业的远大宏图和自己的职业目标为动力，鼓舞自己以最顽强的拼搏精神去做好工作中的每一件事。

（2）从企业精神的熏陶中汲取拼搏所需的意志品质。

拼搏并不等同于我们平时在工作中的努力，拼搏要求的是在需要我们发挥百分百能力的时候激发出自己百分之一百二十的能力。而要想达到这样的效果，优秀的意志品质是不可或缺的。当我们接受企业精神的熏陶时，我们能够深刻体会到坚强、勇敢、无私、坚持等诸多的优秀品质的重要作用并从中汲取那些能够促使我们不断拼搏的品质，给拼搏做好充足的心理积淀。只有这样，我们才能够在拼搏奋进的道路上永不懈怠。

（3）从对企业文化的学习中找到拼搏的原动力。

我们每个员工从进入企业起就要不断学习企业文化的核心内容，并用企业文化中所蕴含的核心精神指导自己的工作。在这一过程中，我们往往能够找到让自己在岗位上努力拼搏的原动力。当我们在学习企业文化时，会发现企业所宣扬的很多东西正是能够实现我们自身价值的重要途径；企业文化中那些优秀员工的标准往往也能够激起我们向其靠拢的意愿。这些足以成为支持我们在岗位上不断拼搏、不断进取的原动力。企业文化给我们带来的精神感召力往往能够给予我们比想象中更大的动力。因此,在学习企业文化的过程中,就要不断接受这种感召力的影响,不断思索企业文化所弘扬的最难能可贵的精神。这样我们就能够在拼搏的过程中始终拥有无穷无尽的原动力。

不管遇到过什么坎坷,也不管经历了怎样的遭遇,只要我们还希望依托企业实现自己的人生价值,那么就必须不断从企业文化中汲取拼搏的动力,让自己努力奋进。即使命运亏待了你,即使生活辜负了你,你也要做到,不辜负自己、不放弃自己。而唯有在工作中始终发扬拼搏精神,才能真正做到这一点。

海阔凭鱼跃,天高任鸟飞。也许现在我们只是最普通的员工,然而只要不放弃拼搏的精神,终将能拼出属于自己的光明未来。

2.

全力以赴,把工作当成事业来做

要想在工作中取得成功就离不开拼搏精神。为了一时的利益去拼搏大部分人都能做到,而如果想要做到在自己的岗位上拼搏一生,那么就必须给这份拼搏精神找到一个"支点",这个"支点"就是把工作当成自己的事业来做的态度。

台湾经营之神、台塑集团创始人、台湾首富王永庆说:"一个人把工作当成是职业,他会全力应付;一个人把工作当成是事业,他会全力以赴。"我们不难发现,"全力应付"与"全力以赴"只有一词之差,意义却有天壤之别。对于工作,我们不仅要把它当成一种职业,更要把它当成一种事业。珍惜工作的最高境

弘扬企业文化　争做优秀员工

界就是把工作当成自己的事业。如果一个人能够把工作当成事业来做，意味着他已成功了一半。

为事业而工作，才不会成为工作的奴隶。让工作成为一种兴趣，成为一种生命内在的需要，成为展示智慧和才华的舞台。这样，我们才能体会到人生的幸福和成长的快乐。正如有位哲学家说过的："工作就是人生的价值、人生的欢乐，也是人生幸福之所在。"所以，当我们把工作看作是快乐的来源时，才能够为了追求快乐而全力以赴；而当我们把工作看成一种任务时，工作对于我们来说就变成了一种奴役。当我们把工作当成事业时，工作迟早会给予我们丰厚的回报；而如果我们仅仅把工作当作谋生的手段糊弄了事，那么最终损失最多的也肯定是我们自己。

大学毕业那年，胡清风向省内一家正在招聘编辑的电视台邮寄去了自己精心制作的简历。

在等待了无数个日夜后，胡清风终于得到了电视台的面试通知。在面试之前，胡清风请教了几个较有经验的师兄师姐，知晓了所谓的面试都脱离不了专业的询问和生活化的对答，因此在排练了无数个日夜后的那一天，胡清风胸有成竹地走进了电视台的大门。

面试如胡清风所料进行得一帆风顺。然而上午最终出来的结果却着实让他吃了一惊，招聘栏里说的是诚聘三名编辑，而和胡清风一起通过面试的却有十个之多。他们葫芦里究竟卖的是什么药呢？胡清风在心里嘀咕着。

编辑部的王主任似乎看出了他们的疑惑和不安，快步地走了过来："看你们怎么这样，年轻人，都通过面试了还这么愁眉苦脸的？走，我请你们吃午饭去。"听到了主任的这番话语，大家才算是松了一口气。

午餐的地点选在市中心的一家著名酒楼，饭局由于有王主任在场以及同事之间的不熟悉而显得格外尴尬，这是胡清风起先所没想到的。正

第九章　弘扬拼搏文化，永不懈怠成就卓越的自己

当胡清风搜肠刮肚想极力活跃气氛时，王主任站了起来说："我有点事先走了，你们边吃边聊。"

王主任的离去显然是活跃气氛的催化剂。一位李姓男士首先开了口，幽默地介绍了自己，然后大家相继做自我介绍和聊天。酒过三巡以后，大家都有点控制不住自己了，胡清风由于平时不善酒力，因此也就醉得一塌糊涂。

又是李姓男士首先开起了玩笑："大家不妨尽兴地发表一下自己的就职演说。我先开个头。我做这编辑完全是被父母逼的，因为他们是文人，因此他们也就希望我能够成为文人，其实这根本不是我所喜欢的工作。"既然有人开了头，大家你一言我一语地胡扯了起来，人人都是畅所欲言，有说是生活所逼，有说是同学攀比，有说是为了成就名气，各种说法不一而足。

轮到胡清风时，胡清风却脱离了主题，长篇大论地强调了自己对于文学的爱好、对于事业的执着什么的，只听得所有人昏昏欲睡。

下午5点，电视台打来电话，说是编辑部名单已经最终确定，让他们迅速去电视台。大家一下子都迷糊了，不是说上午确定名单了吗？怎么还要确定一次？

电视台办公室的门外，王主任满脸严肃地站在那里。胡清风、李姓男士以及另外两个人被他叫进了办公室，胡清风想这下子完了，肯定是哪个地方出麻烦了。这样想着，通往办公室的道路就显得格外漫长。

"你们坐吧。"突然李姓男士的话语打断了胡清风的思路。胡清风看到他向办公室正中的位置走去，然后悠然地坐在椅子上，说："你们一定很迷惑，为什么我会坐这儿？为什么你们又被叫进来？其实答案很简单，就是你们三个人被最终录取了。"

三个人一头雾水地立在原地。李姓男士喝了一口茶继续说："我叫李丰，是编辑部新来的副主任，你们当然都不认识我，我今天给你们摆

的可以说是迷魂宴，而请你们喝的也是迷魂汤。你们9个都是非常优秀的年轻人，而且你们的能力也相差无几，可是编辑部的名额有限，因此我不得不出此下策，目的只是为了选出能够把自己的工作当作事业来做的毕业生。"

倘若我们不能把工作当成事业来做，不能在工作中努力拼搏，那么工作也绝不会给我们任何的机会。只有把工作看成是自己的事业，我们才能用心做好自己的本职工作，当机会来临时我们也才能够将它牢牢握在手中。

成功人生的重要分水岭——为事业打拼而不是为工作奔波。把工作当作谋生的手段，还是把工作当作自己一生的事业，其结果将是天差地别。把职业当成自己事业的人，一个典型的表现就是：充满了自信心，了解自己在做什么，并愿意为工作倾注自己全部的心血。也只有这样的表现才能够让自己在企业中赢得一席之地，为自己跻身成功者的行列迈出最坚实的一步。

要想真正做到把工作当作自己的事业，而不是让它成为一句空洞的口号，就必须在工作中努力做到以下几点。

其一，以企业家的眼光、以打工者的心态来对待工作。

以赚钱为目的来定义工作的全部意义，是最没出息的世界观。首先，这样的人没有更高的目标；其次，在拿多少钱干多少活的思想支配下，会失去拼搏的动力，不会对本职工作持守精益求精的态度，自然也就不可能成功；最后，持这种思想者会斤斤计较自己的付出，会使自己与领导和同事的关系日益紧张，自己的思想也会日益狭隘。

美国有个成功的教育学家叫卡耐基。他说，把职业当作与老板之间的交易是极为痛苦的事情。他进一步分析说："如此对待职业，第一，就将自己置于被动的、被剥削的地位，注定是职场中的剩余者，永远没有归属感，没有方向没有根，永远是职场中的漂泊者。第二，你就不会注重工作中的人际关系，每一位同事都是你的竞争对手，你就会想方设法将他们一一打压。长此以往，同事们唯恐

第九章　弘扬拼搏文化，永不懈怠成就卓越的自己

避你不及。结果，你没有朋友，只有敌人，你就成了职场中孤立的那一个。第三，你就会注重工作中的利益得失，只要付出就想得到，没有回馈就绝不多付出一分辛苦，付出了得不到就会抱怨，甚至想跳槽，你就会形成斤斤计较的性格。"

只是为了生活而来，为了挣钱而来，在"入伍"的第一天就落伍了，就把自己排在了队伍的末尾。

其二，以职业的眼光来对待自己的工作。

以职业的眼光对待自己的工作就会将提高自身职业技能作为近期目标，这个目标取向往往会激发我们的拼搏精神，比打工赚钱的思维要高明得多。在这种思想支配下，我们就会主动把手上的工作作为一个提高自身价值和能力的机会，从而更加愿意付出，甚至在一定的范围内愿意吃亏。这样的人几经磨炼，会成为职业领域的行家里手。

如果我们工作的出发点过于利己，就会存在以下的问题：一是没有归属感。对团队来说，始终是一个外人。你没有融入到团队之中，团队也就不会把你当成自己人。二是没有价值感。你也许为团队做了很多，但你的出发点并不是为团队创造价值，团队的成长就与你无关，你也很难取得更大的成就。

其三，以事业的高度来对待工作，是最高尚也是最高明的取向。

说它高尚，是因为它更多的不是考虑自己而是考虑别人；说它高明，是因为抱持这种态度的人最容易因为时刻激发起的拼搏精神而获得成功。这种态度的核心就是以公司为家。因为是自己的家，就不会计较得失而努力工作；因为是自己的家，就会时时处处替公司出主意想办法；因为是自己的家，也就能经受一些委屈和大家快乐和睦相处。试想，一个全身心为工作而奋斗的人，怎么能不很快在专业上成长起来呢？一个时时处处替公司着想的人，怎么能不很快得到领导的赏识呢？一个心胸开阔能够吃亏的人，怎么能不很快受到同事的欢迎和喜爱呢？而这一切都是成功的前提和基础。机会不会平白无故地出现，每个机会都是靠我们自己创造出来的。

没有工作我们的人生也就失去了大半的价值。一个人只有将职业当事业，才

弘扬企业文化　争做优秀员工

能倾注自己全部的热情，才会全力以赴去拼搏，才会取得事业的成功。工作意味着去参与、去思考、去创造，我们的事业也就是在这一系列有意义的活动中成就的。

心智决定视野，视野决定格局，格局决定命运，命运决定未来。把工作当成事业，则没有干不好的工作。让我们珍惜自己的工作，成就自己的事业，追求最大的人生乐趣，从而无愧于社会，无愧于企业，无愧于家庭，无愧于自己。

3.

全心投入，像热爱生命一样热爱工作

美国伟大的职业成功学家詹姆斯·H·罗宾斯曾经在《敬业》一书中说道："像信仰上帝一样信仰职业，像热爱生命一样热爱工作。只有这样，我们才能够成就一番事业，因为任何一项事业的成功背后，必然存在着一种无形的精神力量。"

的确，我们之所以愿意为一件自己喜欢的事情去拼搏，就是因为热爱之情本身就蕴含巨大的动力。在前面我们已经说了，只有把工作当成事业我们才能够给自己的拼搏精神一个"支点"。而只有我们像热爱生命一样热爱工作，我们也才能给拼搏无穷无尽的养料，让拼搏精神在我们的心中永驻。

她叫潘惠芬，30岁，是土生土长的壮族人，黑黑瘦瘦，个子矮小，长得并不漂亮。她来丈夫单位探亲，即广西壮族自治区南宁市隆安县龙

第九章 弘扬拼搏文化，永不懈怠成就卓越的自己

虎山自然保护区，那是中国四大猴山，山中有 3500 多只猴子。潘惠芬第一次走进龙虎山，在那里第一次见到猴子，她就爱上了机灵、活泼、有灵性的猴子。

转眼五年过去了，1992 年龙虎山招聘导游。虽然已超过了招聘年龄，可是她仍然执意辞了工作，前来应聘。她那份爱猴子的执着和热情打动了园区领导，最后领导说要留也行，不过只能当临时工。只要能留下，能天天看到猴子，做什么她都愿意，她欣然同意。

而她第一年的工作是做检票员，接下来她干的竟是保洁员，顺便照看园区的猴子。她就利用天天扫地的机会，把猴子当成了自己的"孩子"，给猴子取了名字，熟悉猴子的习性，了解每只猴子的个性。时间长了，猴子与她也有了感情，很听她的话。

有时，她看到游客与猴子一起玩，就会走过去给游客介绍有关猴子的情况。

爱屋及乌，她爱猴子，也爱这里的环境，爱导游工作。为了能够讲得更动听，她常常一回到家里就抓住爱人说，今天我在山上扫地碰到游客我这样子讲的，你看行不行。如果不行，哪个方面讲得不对你就说，我再慢慢改。

她小的时候就喜欢唱歌，她会唱很多当地的民歌。现在的年轻人不会唱民歌，她感觉到这是一大缺憾。而且年轻姑娘，尤其是外地的导游，对当地的少数民族风俗也了解不多，而这方面她却有很多积累。这些也可以穿插在导游中讲解。就这样，在做保洁工作的十几年中，潘惠芬都在不断丰富着自己的"导游"素材。寒来暑往转眼间潘惠芬 47 岁了。十几年来，潘惠芬与龙虎山的猴子结下了不解之缘，猴子成了她最亲密的朋友，她也在不知不觉中成了一名出色的义务导游。虽然她也曾有几次向领导提出想当导游，可是领导感觉她都是老太太了，都是快退休的人了，还是算了吧，便没有同意。

弘扬企业文化　争做优秀员工

　　2005年广西龙虎山保护区改制，由一家中外合资企业接手经营，潘惠芬面临转岗暂时无事可做，她便决定去找董事长。董事长问她为什么想当导游，她说出了这些年的经历。这真让董事长感动，竟然有这么爱猴子的人！这是非常难得的。于是便请她给自己当导游，让她讲一讲。真是不听不知道，一听吓一跳，她既能讲，又能唱，既讲猴子的趣事，又讲当地的风俗，真是了不得啊！董事长眼睛一亮，马上答应了她的请求。

　　就这样，2005年49岁的潘惠芬，成为年龄最大的导游。由于她热爱这份工作，非常投入，又有多年的积累，让游客大开眼界，大饱耳福。当有人看到这位导游一路上又是唱山歌，又是讲故事，又是引猴子，又会照顾游客，便问她辛不辛苦。她回答说："做导游是我一生的梦想，再苦再累，我都感到无比幸福。"

　　山上的3000多只猴子，非常听潘惠芬的话。只要潘惠芬一喊，三四分钟内就会有200多只猴子从山上下来，出现在她的面前。她还能叫出很多猴子的名字，于是人们习惯地叫她"猴子妈妈"。如今，很多旅行团到龙虎山来旅游，都专门预约让她来当导游，她最多时一天带六个团。由于她工作出色，很快被媒体锁定，在多次竞争中，她都夺得了"金牌导游"称号。一次上中央电视台做节目，主持人问她还有什么愿望，她说她还要学外语，要通过外语讲解让外国人了解并爱上龙虎山中的猴子。

　　正是对自己工作的那一份深深的热爱，潘惠芬不仅成了导游，而且成为了"金牌导游"。可见不管身处什么岗位，关键是要有爱，发自内心地爱你的工作，爱你的企业，爱你的事业。只有这样才能够在工作中取得突出的成绩，才能够成为岗位上最优秀的员工，才能成为企业中的"顶梁柱"。

　　当然，要想做到像热爱自己的生命一样热爱工作，将自己全身心地投入到工

第九章 弘扬拼搏文化，永不懈怠成就卓越的自己

作当中，就必须在工作中努力做到以下方面。

（1）带着责任意识工作。

责任感是一个员工的基本职业素养、精神境界、职业道德的综合反映。责任感虽然无形无状、难触难摸，但是力量巨大，影响深远。一个人有责任感，就有积极主动的态度、深入扎实的作风、认真负责的精神；就有不甘落后的志气、百折不挠的勇气和奋力开拓的锐气；就会有信心、有决心、有恒心；就可以出思路、出办法、出成绩。就我们的工作而言，大部分人身处的岗位是平凡的，工作是琐碎的，看似简单和容易，而年复一年把简单的事情做好，就是不简单；把容易的事一件一件地落实好，就是不容易。这就需要责任感。

（2）带着激情工作。

激情是吹动帆的风，没有激情之风，我们的事业之船就无法行驶；激情是工作的动力，没有动力就很难在工作中保持拼搏的精神。如同灵感可以催生不朽的艺术，激情能够创造不凡的业绩。如果缺乏激情，疲沓懒散，最终我们也将一事无成。因此，在日常工作中虽然我们感到很辛苦，但是有辛苦就会有收获。特别是一个人如果能够在工作的同时能使自己各方面不断获得提升，实现自己的价值，也许这就不单是辛苦而是幸运了。如果大家都能同心同德、尽心尽力，把工作开展得有板有眼、有声有色，做到有口皆碑的程度，也许又不仅仅是幸运，而是一种幸福了。

（3）带着感恩之心工作。

保持正确的心态至关重要。正如一位哲人所说，心态决定一切。心态能够左右一个人的思想、影响一个人的行为，甚至决定一个人的命运。心态正确就会宁静而安详，感到生活温暖；就会迸发出干劲和活力，感到工作愉悦。如果心态不好，就会在顺利时自以为是、傲气十足、得意忘形，在逆境时怨天尤人、牢骚满腹、烦躁不安；就会既笑别人不如己，又怕别人比己好，斤斤计较，患得患失；甚至会为了牟取一己之利而不择手段，这样势必害事业、害组织，最终也会害了自己。因此，要学会以感恩的心态对待工作、对待他人、对待组织。只要我们用

感恩的态度对待别人，别人就能给我们关心和帮助、支持和鼓励、提醒和教导，让我们感受到真诚，感受到友谊，感受到温暖。

（4）带着清醒头脑工作。

实践表明，只有始终保持头脑清醒的人，才能不断取得成绩、获得成功，才能顺利成长、日臻成熟。我们要时刻清醒地认识到：在个人与组织的关系上，一个人的成长和进步离不开组织的培养和造就；在职务与能力的关系上，一个人的工作能力不是随着职务的提升而自然提高，官大了不等于本事大了，地位高了不等于水平也高了；在工作与成效的关系上，一个人肯干事是态度、想干事是热情、会干事是能力、干成事才是本事。这种本事不是靠吹牛吹出来的，只有靠实实在在做人、认认真真做事，才能逐步得到提高。

热爱自己的工作等同于热爱自己的生命，这是人类最伟大的情操之一。在我们的一生中，富有还是清贫，我们可能无法选择，但我们却能够选择去履行我们职业生涯中的职责。无论过去还是现在，每一份工作、每一个岗位都值得我们为之奋斗、值得我们为之神往、值得我们为之奉献自己。

4.

积极进取，自动自发刻苦努力

我们的拼搏精神有了一个坚实的"支点"，也有了它无穷无尽的养分，是不是我们就能真正拥有拼搏精神呢？其实我们需要做的还有很多，其中一个就是保持积极进取的心态，自动自发去地工作中刻苦努力，只有这样我们才能够给自己的拼搏精神以最好的推动。

比尔·盖茨曾对微软的员工说:"如果你想取得优秀员工那样的成绩,办法只有一个,那就是比那个优秀员工更积极主动地工作。"在工作中,每一个岗位都是成就自己的平台。但有些员工只能看到岗位外在的利益,看不到岗位内在的价值。而另一些员工在自己的工作中保持奋发图强的态度,坚持刻苦努力完成本职工作,通过不断积极进取实现了自己的价值,在企业里担任重要角色,在工作中做出超常的业绩,使大家称赞不已。可以说,那些在事业上颇有成就的人都是在工作上对自己要求非常严格,能够自我激励、自动自发去刻苦努力的人。在工作中,我们必须明白一个道理:除了做好本职工作外,还要多做一些。任何事都不是想象中的那么完美,都有不尽如人意的地方。我们应该正确对待工作中出现的一些问题,不断地去解决,踏踏实实地去做,以一颗进取心不断去努力在工作中做出更好的表现。

艾森豪威尔是美国第34任总统,他年轻时经常和家人一起玩纸牌游戏。

一天晚饭后,他像往常一样和家人打牌。这一次,他的运气特别不好,每次抓到的都是很差的牌。开始时他只是有些抱怨,后来,他实在是忍无可忍,便发起了少爷脾气。

在一旁的母亲看不下去了,正色道:"既然要打牌,你就必须用手中的牌打下去,不管牌是好是坏。好运气是不可能都让你碰上的!"

艾森豪威尔听不进去,依然忿忿不平。母亲于是又说:"人生就和打牌一样,发牌的是上帝。不管你名下的牌是好是坏,你都必须拿着,你都必须面对。你能做的,就是让浮躁的心情平静下来,然后认真对待,把自己的牌打好,力争达到最好的效果。这样打牌,这样对待人生才有意义!"

艾森豪威尔此后一直牢记母亲的话,并激励自己去积极进取。就这样，他一步一个脚印地向前迈进，成为中校、盟军统帅，最后登上了美国总统的宝座。

也许对于许多员工来说，"上天发给我们的牌"并不是最好的，但这绝不是我们放弃刻苦努力的理由。能把一副平淡无奇的"牌"打得有声有色，那才说明我们配得上优秀员工的称号，我们也才能让自己身上散发出企业拼搏文化中所蕴含的精神。

然而不幸的是，当前许多员工出现了一些不良的工作心态。第一种是得过且过型。在许多员工眼里，做多做少，做好做坏，对自己意义不大，达到要求就行了，多一点也不干，缺乏事业心和责任感。工作被动应付，因循守旧、害怕困难，有难度的事不愿干，冒风险的事不敢干，得罪人的事不想干，不求有功但求无过。然而实际上，我们到底是在为谁工作呢？工作着的人们都应该问问自己。如果不弄清这个问题，不调整好这个心态，我们很可能与成功无缘。

困难的事能锻炼意志，新的任务能拓展才能，与同事的合作能完善性格。从某种意义上来说，工作是为了自己。只有抱着"为自己工作"的心态，承认并接受"为他人工作的同时，也是在为自己工作"这个朴素的人生理念，以积极进取、顽强拼搏的精神，脚踏实地地工作，才能把工作干好，也才能最终获得丰厚的物质报酬并实现人生的自我价值。

第二种是牢骚满腹型。"我的工资就这么点，凭什么去做这么多事。"这种心态导致执行能力低、公仆意识弱、服务态度差，对安排布置的工作以各种理由和借口拖着不办、顶着不干，落实不力、不及时、不到位。也有人认为自己怀才不遇，领导看不到自己的长处，得不到提升，常常闷闷不乐，消极对待工作。这种行为其实是对自己的不负责任。我们也许有才，但是千万不要觉得怀才不遇是客观问题，我们无能为力。怀才不遇正是因为我们仍然缺少一种能力，一种积极进取、通过刻苦努力寻找机遇释放自己才能的能力。所以，怨天尤人的工作态度是最要不得的。其最终的结果就是自己有能力却无用武之地，不能为集体创造财

第九章 弘扬拼搏文化,永不懈怠成就卓越的自己

富,而个人也不能得到提高。还有人说:我不喜欢这种工作,不喜欢这个企业。那么,可以问问自己,你是否明确地知道自己喜欢干什么?你是否具备做你所喜欢的工作的能力?你是否在为去做自己喜欢做的工作而自动自发地刻苦努力?其实兴趣是可以培养的。如果不善于发掘工作中的乐趣,你永远都不会对任何工作有兴趣。

那么,想要做到积极进取,我们到底需要在工作中保持一种怎样的状态呢?

首先,对于自身,一定要从严要求,不能总对自己抱着"差不多就行了"的态度。在竞争激烈的职场中,要想立于不败之地,想让自己在企业中体现出高价值,就要迫使自己不断进取,迫使自己做得更多更好,自动自发刻苦努力,进而去发掘自己的潜能,这才是我们的立身之本。

人从来就不应该满足,面对胜利,在兴奋的同时,应树立更高的目标;面对失败,哪怕是一点小小的挫折都不能忽视,不能随随便便把自己"无罪释放"——太多地原谅自己,太多地宽容自己,太多地放纵自己,对自己对企业都是一种潜在的危害。我们必须要学会严格要求自己,在工作中,当我们会"走"的时候,就一定要鼓励自己"跑"起来;当我们能"跑"的时候,就应当要求自己"飞"起来。只有不断地追求更高的目标,不断积极进取,我们才会不断地去创造辉煌、创造奇迹,才会拥有意义非凡的职业生涯。

在外界条件上,我们一定要善于抓住机会,哪怕只有万分之一的机会也不能放弃,因为机会不会只属于一个人,你失掉了,别人就会得到。面对生活,我们还必须学会征服不幸,然后才能取得新的权力和新的荣誉,因此,克服软弱、奋发图强就要成为我们生活的主要动机。此外,在追求成功的征途中,千万不要被外界环境所困扰,因为真正阻止我们不断进取追寻成功的不是失败,而是对失败的恐惧。有这么一句话说得好:"人生好比一场足球赛,不出脚就永远没有进球的可能,只有通过一次次不懈地努力,才有可能将足球成功地射入球门之中。"

这便是积极进取人生的精髓所在。积极人生意味着更多的尝试,更大胆地去

弘扬企业文化　争做优秀员工

尝试。在我们尽力做出所有尝试之前作出任何过早而轻率的结论都是不足取的。有尝试就必然会有失败，往往尝试越多失败也就越多，但是我们不能因为经历失败就放弃积极进取，就让自己不再刻苦努力。我们的职业生涯常常是成功与失败交织而成的一条开满鲜花的荆棘路，错误和失败也是难以避免的。但尝试的错误与失败却能让生命更加美丽、让成功更有价值。

人生的道路有许多条，命运往往是诡秘多变的。当我们还年轻的时候，更应该本着积极进取的态度，要求自己更加刻苦努力，去寻找一条最适合自己发展的道路。或许展现在我们眼前的是一片更为广阔的天地，在那里我们将发现一个全新的自我，我们身体里蕴含的巨大潜能也会得到更好的发挥，我们的人生从此也将改变。

人不能没有追求与理想，也不能没有信念，没有理想和信念，便会迷失方向，找不到人生的意义，不能很好地实现自己的人生价值。因此每个员工都需要一种积极进取、努力拼搏的精神，做到自觉以刻苦努力的态度完成每一项工作任务。所以，这个世界上选择什么样的工作，如何对待工作，不是一个关于做什么事和得到多少报酬的问题，而是一个工作态度的问题。对待任何工作，都应该以积极的心态竭尽所能地做好。让我们以"积极进取、努力拼搏"的精神，不断实现从平凡到优秀、从优秀到卓越的飞跃。

5.
抛弃懒惰和懈怠，付出勤奋和汗水

只有通过积极进取，自觉刻苦地努力，我们才能够在工作中不断进步，从平凡上升到优秀，从优秀提升至卓越。虽说这个道理我们都知道，然而在实际上能够真正做到的并不多，究其原因还是由于很多人没能迈过追求卓越道路上的两块绊脚石——懒惰和懈怠。

在实际工作中，有些员工奉行"工作越清闲越好，活动量越轻越好"，把懒惰与懈怠错看成是"享福"。殊不知如此"享福"往往会因福得祸。

首先，懒惰和懈怠会影响我们大脑的智能。事业上勤奋的人，能使大脑增加释放脑啡肽等特殊生化物质，脑内的核糖核酸含量比普通人的水平要高10%~20%。它们能促进垂体分泌神经激素——多肽组成的新的蛋白质分子。这种蛋白质被人们称为"记忆分子"，对促进记忆和智力的发展颇有助益。而逸多劳少、不善动脑的人，由于大脑机能得不到充分发挥，脑啡肽及脑内核糖核酸等生物活性物质水平降低。若长期如此，则使大脑功能呈日趋退化趋势，思维及智能逐渐迟钝，分析判断能力降低。这种人往往显得气量狭小，反应迟钝，懒散健忘。

其次，懒惰和懈怠还会让我们产生诸多消极情绪，让我们未老先衰。如果一个人总是保持懒惰和懈怠的状态，会经常沉湎于不良情绪的负体验之中。这是因为他们甘居平庸，迷恋轻闲，得过且过，事业上无所作为，自然会引起周围人们的不满以及反感，这就容易引起矛盾，造成心理负担。

大量事实证明，每个人的健康亦有赖于心理上的平衡，有赖于神经系统保持一定的紧张性。懒惰和懈怠可使我们对外界环境的适应能力降低，易致未老先衰。究其机理，乃是劣性心理影响内分泌功能，而内分泌功能的不良改变又会反过来增加人的紧张心理，形成恶性循环，殃及体内一系列代谢过程，贻害身心健康，进而导致早衰。有资料表明，总是保持懒惰和懈怠状态的人，其心脑可早衰10~15年，罹患心血管疾病的危险要比一般人高出1~3.5倍。

古人说得好："流水不腐，户枢不蠹。"美国科学家富兰克林也说过："懒惰比操劳更能消耗身体。经常用的钥匙总是亮闪闪的。"贪图安逸与企业的拼搏文化是格格不入的，亦会对我们自身的发展造成阻碍。我们唯有克服懒惰和懈怠心理，在工作中不断付出勤奋和汗水，才能够真正体现自己的价值，享受努力工作给我们带来的快乐。

山脚下有一堵石崖，崖上有一道缝，寒号鸟就把这道缝当作自己的窝。石崖前面有一条河，河边有一棵大杨树，杨树上住着喜鹊。寒号鸟和喜鹊面对面住着，成了邻居。

几阵秋风，树叶落尽，冬天快要到了。

有一天，天气晴朗。喜鹊一早飞出去，东寻西找，衔回来一些枯枝，忙着垒巢，准备过冬。寒号鸟却整天飞出去玩，累了回来睡觉。喜鹊说："寒号鸟，别睡觉了，天气这么好，赶快垒窝吧。"寒号鸟不听劝告，躺在崖缝里对喜鹊说："你不要吵，太阳这么好，正好睡觉。"

冬天说到就到了，寒风呼呼地刮着。喜鹊住在温暖的窝里。寒号鸟在崖缝里冻得直打哆嗦，悲哀地叫着："哆罗罗，哆罗罗，寒风冻死我，明天就垒窝。"

第二天清早，风停了，太阳暖烘烘的。喜鹊又对寒号鸟说："趁着天气好，赶快垒窝吧。"寒号鸟不听劝告，伸伸懒腰，又睡觉了。

第九章　弘扬拼搏文化，永不懈怠成就卓越的自己

寒冬腊月，大雪纷飞，漫山遍野一片白色。北风像狮子一样狂吼，河里的水结了冰，崖缝里冷得像冰窖。就在这严寒的夜里，喜鹊在温暖的窝里熟睡，寒号鸟却发出最后的哀号："哆罗罗，哆罗罗，寒风冻死我，明天就垒窝。"

天亮了，阳光普照大地。喜鹊在枝头呼唤邻居寒号鸟。而可怜的寒号鸟在半夜里冻死了。

如果我们不希望自己的事业因为我们的懒惰和懈怠而"冻死"，那么就一定要从现在起克服懒惰和懈怠的毛病，主动在工作中付出勤奋与汗水。其实克服懒惰与懈怠也并非难事，只要利用一些心理学上的小技巧就能够做到。

（1）分清主次，学会运用二八法则。

二八法则，也称巴莱多定律，是19世纪末20世纪初意大利经济学家巴莱多发现的。他认为，在任何一组东西中，最重要的只占其中一小部分，约20%，其余80%尽管是多数，却是次要的，因此又称二八定律。

分类：工作中肯定会有一些突发性和迫不及待要解决的问题。成功者花时间在做最紧急，而不是最重要的事情上。把所有工作分成急并重、重但不急、急但不重、不急也不重四类，依次完成。比如发每封电子邮件时不一定要字斟句酌，但是呈交老板的计划书就要周详细密了。

分解：把大任务分成小任务。有时候我们之所以会对某项工作抱以懒惰的态度，是因为当我们看到比较复杂的工作时，心中不自觉就会产生抗拒心理，也不知道从何处着手去完成工作，因此就会以懒惰的方式来选择逃避。而如果我们能够把复杂的大任务分解成为一个个小任务，每天完成一点，那么自然就更有动力去工作。

（2）消除干扰。

在工作时，有时我们表现出懒惰与懈怠其实是受到了一些外界因素的影响，让我们不能全身心投入到工作中。因此，在工作时我们一定要关掉QQ，关掉音乐，

关掉电视，将这一类可能让我们分心的外界刺激排除掉。将一切会影响工作效率的东西统统关掉，全心全意地去做工作，我们就会发现其实自己一点也不差。

（3）互相监督。

并非每个人都能够完全做到在无人监督的情况下自觉保持勤奋的状态，因此不如找些朋友或同事一起克服这个坏习惯，这比单打独斗效果好得多。可以相互监督，如果有人出现了懒惰和懈怠，就让他人对其进行"惩罚"。还可以每个月进行总结和评比，看谁在克服懒惰和懈怠上做得最好。有比较就能够更有动力去克服懒惰和懈怠的毛病，强迫自己变得勤奋起来。

（4）设定更具体的目标。

假如我们在工作中的计划是"我要尽快完成一项工作"，那么这个计划很可能流产。但如果你的计划是"我要保证每天完成这项工作的五分之一，五天内必须完成这项工作"，那么这个计划很可能被坚持下来。所以，我们不妨把任务划分成一个个可以控制的小目标。当我们接手了一项新的任务时，让它立刻被完成可能是一件不现实的事，但是每天完成任务的一部分，规定自己在某个时间段内必须完成却也不算太难。

（5）不要给自己太长时间。

心理专家弗瓦尔发现，花两年时间完成一项任务的员工总能给自己留一点时间放松、休整。那些花三年或者三年以上完成同样任务的人几乎每分钟都在为了完成工作而发愁，但却经常不付出行动。所以，有时候工作时间拖得越长，越容易让我们变得更懒，不如给自己完成计划的时间定得紧一些，以激发自己勤奋的状态。

（6）别美化压力。

不要相信像"压力之下必有勇夫"这样的错误说法。我们可以列一个设定短期、中期和长期目标的时间表，千万不要把什么事情都耽搁到最后一分钟，以为在这种压力下自己就能够完成工作。这样的想法只能让我们给自己的懒惰和懈怠找到一个名正言顺的借口，但是最终我们还是无法解决这一问题。

第九章　弘扬拼搏文化，永不懈怠成就卓越的自己

（7）寻求专业的帮助。

如果我们发现懒惰和懈怠已经影响到了我们的正常工作，并且即便我们想克服却怎么也做不到，那么不妨去看看心理咨询师，认知—行为疗法可能会对我们的懒惰与懈怠有效。现代社会中，越来越多的人发现自己患上了严重的拖延症。拖延症对人们日常生活影响很大，想要克服关键还是要靠自己下定决心，这需要很大的精神动力才能完成，因此最好能够有专业的帮助与指导。

有句话叫做"吃得苦中苦，方为人上人"。总是以懒惰和懈怠的心理对待工作，总想在岗位上"享清福"的员工是永远不可能成功，也不可能在企业中实现自身价值的。懒惰与懈怠是我们成功路上最致命的"杀手"。我们唯有克服懒惰与懈怠的毛病，让自己时时刻刻保持勤奋，才能一步一个脚印地迈向成功。

6. 终生学习，天天进步

对于我们每个员工来说，需要通过在岗位工作中不断进取、不断拼搏才能铸就成功，才能够成为企业文化的传承者，成为企业最优秀的员工。然而不应该忽视的是，我们不仅需要在实际工作中发扬拼搏精神，也应该在学习岗位技能和知识的过程中发扬我们的拼搏精神。

有些员工，可能从一走入工作岗位，就认为只需要努力做好本职工作，而忽视了学习的重要性。其实学习并不仅仅是我们在学生时代的任务，同样也是我们走入企业开始工作后的重要任务。如果我们忽视了终生学习的重要性，那么即便

弘扬企业文化　争做优秀员工

我们在工作上很努力，也往往会功败垂成。

之所以说我们需要将拼搏精神同样在学习中体现，让自己做到终生学习、天天进步，因为在信息社会中，随着科学技术的迅速发展，信息与知识急剧增长而成为社会的首要资源。在这种新的形势下，知识更新的周期短，创新的频率加大，信息和知识的时效性越来越强，一个人学到的岗位知识很快就会过时。因此在这种大形势下，企业对员工的知识量与知识更新速度就会有更高要求，而员工为了自身生存和发展就必须对知识有日趋强烈的渴求。这样，学习就成为我们个人、企业团队乃至社会的迫切需要。企业中的每一个成员自身的生存能力将最终取决于获取知识和运用知识的能力，而这种能力只有通过不断学习才能获得。这样，学习便成为了我们的终生需要。

现如今是一个"知识爆炸"的时代，企业对每个员工知识更新的速度也有了新的要求。只有我们的知识更新速度追上时代变迁的脚步，我们才能够在工作中创造更大价值，能够给企业带来更多利益。据统计，人类在过去十年中新创造的科学知识比在此之前的整个人类历史所创造的还要多。现在，计算机的运算能力逐年成倍地提高，互联网的规模逐年成倍地扩张，人们所获得的知识老化的速度日益加快，实际上每一个人的知识与年龄同步老化。即使接受过良好的专业教育的人也会因为当代知识更新的速度加快而适应不了社会发展的需求。因此人们非常需要不断地学习新知识，不断地"充电"。

此外，我们每个员工与企业都处于市场经济大环境中。市场经济平等竞争，优胜劣汰的现实促使知识、能力成为一个人所谋事业成败的关键。如果不加强学习、充实和提高自己的智慧和能力就难于在职场中立足。在这个竞争十分激烈的时代，机遇和挑战随时随地都有可能出现在每一个员工的工作生涯之中，要抓住机遇、寻求发展、迎接挑战、适应社会的变化，就必须依靠终生学习。

既然终生学习对于我们来说是如此重要，那么我们就必须掌握终生学习的方法，毕竟学习是枯燥的，而要将这个被我们认为十分枯燥的事情坚持一生，那就需要科学的方法。

第九章 弘扬拼搏文化，永不懈怠成就卓越的自己

（1）在工作中培养自己某些方面的兴趣。

人的学习动力，来自自身的兴趣。我们进入一个行业、一个企业会有多种原因。一部分人是因为兴趣走上了这行，一部分人是因为巧合，有些人是因为环境，有些人是为了生存。然而在这些员工中，能把终生学习坚持下来并给自己的事业带来发展的，基本是有兴趣的这一群人。是否能在后来的工作学习中培养出一定的兴趣，也很大程度上决定了我们是否能够具有终生学习的动力。

当我们对工作中经历的事物产生了兴趣，遇到问题，我们会觉得很高兴，因为遇到的问题越多，可以学到的东西就越多，我们成长得也越快。

但没有兴趣的人呢？工作对他们来讲，多干一点都会是巨大的痛苦。比如，让一个从来不吃鱼的人天天吃鱼，想想都是一件很痛苦的事情。他们只会停止不前和不断地抱怨，不会多一点想法和见解。他们永远觉得自己干的比自己挣的要多得多。他们想的更多的，是怎么样才可以让老板给自己涨工资，而不是思考自己需要通过终生学习提升自己的能力。

（2）要把终生学习当作是自己的责任。

责任心能够给我们做一件事情提供强大的动力，因此要想实现终生学习，我们都应培养强烈的学习责任感，要认识到学习不仅是一种个人权利，更是一种个人责任。终生学习依赖的是个人的主动性和自觉性，需要个体对自己的学习行为负责，能够独立地按照自己的意愿学习。同时，学习不仅仅是为了提升个人的素质，获得一个好的工作岗位，还应该意识到自己肩负着企业建设的重任，要胸怀大志，培养一种对企业发展的责任感。只有"活到老，学到老"，才能成为博学之士和企业的有用之材，才能在自己的本职岗位上立足，才能在竞争激烈的现实社会中立于不败之地，同时为企业的兴旺出力。

（3）通过学以致用和积极创新保持对学习的热情。

要保持学习的热情和持续的动力，一个很重要的途径就是学以致用。也就是说学习不能仅停留在认知的层面，而是要用于实践，学会做事。要做好事、做成事，就要在学习中注意能力的培养，而不仅仅是获得各种资格证书。能力是一种

综合性的素质，包括专业技能，也包括与人沟通的能力、与人共事的能力、管理和解决冲突的能力等。只有在具体的需求中，才会知道哪些知识、能力是有用的，哪些知识、能力是自己所缺乏的，才会促使自己不断地学习。在学习、实践的过程中，创新能力的培养也是极为重要的。创新能力的培养需要我们充分发挥自己的想象力和创造力。正如爱因斯坦所说："想象力比知识更重要，因为知识是有限的，而想象力概括着世界上的一切，推动着前进，而且是知识进化的源泉。"所以，学习时要善于思考，从多方面、多角度、多领域获得知识，并重新组合，创造新的知识。

学习是人类认识自然和社会、不断完善和发展自我的必由之路。无论是团体，还是企业乃至整个社会，都依赖于人们不断学习，获得新知、增长才干、实现发展。

终生学习有助于我们克服工作中的困难，解决工作中的问题；能满足我们生存和发展的需要；能使我们得到更大的发展空间，更好地实现自身价值；能充实我们的精神生活，不断提高自身素质。

7.

勇往直前，不断超越

我们要想始终在工作中保持拼搏精神，很重要的一点就是要知道自己为什么而拼搏。是为了获得更高的报酬？还是为了能够赢得他人的赞赏？抑或是为了实现自己的个人价值？其实这些都不是我们拼搏最根本的缘由。我们能够保持拼搏

第九章 弘扬拼搏文化，永不懈怠成就卓越的自己

精神的最根本原因是在我们的内心深处，有着勇往直前、不断超越自我的决心。

要超越自我很容易，因为只要进步一点点；要超越自我又很难，因为需要永远进步。人的一生就是一个不断超越自我的过程。在竞争如此激烈的今天，我们学会了与他人竞争，时刻在为战胜对手而努力。我们始终认为只有战胜别人、超越了别人，我们才能成功、才能拥有幸福。因此，我们不得不花大量的时间和精力去与他人"搏斗"，却往往忽略了勇往直前、不断超越自我才是我们的初衷和本能。

超越他人可能让我们得到胜利的喜悦，可能让我们获得他人的赞美，可能让我们证明自己的能力。然而，当一切以胜利告终，我们却常常因为目标的达成而出现懈怠，让自己的拼搏精神渐渐减弱，迷失在超越他人的过程中。要想始终充满不断拼搏的动力，唯有做到勇往直前、不断超越自我，因为战胜自我才是我们内心深处的终极目标。

当然，想要做到勇往直前、不断超越自我并非是一件容易的事情，这需要我们在工作中不断激励自己，不断树立正确的认知，通过实际行动去努力。

（1）让自己拥有超越自我的信心和决心。

如果我们觉得自己只是企业中最普通的一名员工，那么将永远这样碌碌无为。而如果我们认为自己是企业中最优秀的员工，那么才有机会成为最优秀的员工。成功从来就不是一件能够一蹴而就的事情，然而即便在成功的道路上要经历无数次失败，也一定要有坚定的信心和决心，相信自己能够一次次超越自我，最终造就一个最优秀的自己。

布勃卡是举世闻名的奥运会撑杆跳冠军，享有"撑杆跳沙皇"的美誉。他曾三十五次创造撑杆跳领域的世界纪录，并且他所保持的两项世界纪录，迄今为止还无人超越。

在他接受由总统亲自授予的国家勋章后，记者们纷纷向他提问："你成功的秘诀是什么？"

布勃卡微笑着回答:"很简单,就是在每一次起跳前,我都会将自己的心'摔'过去。"

作为一名撑杆跳选手,布勃卡也曾有过不断尝试冲击新的高度,但都失败而返的日子。他苦恼、沮丧过,甚至怀疑自己的潜力。

有一次他对教练说:"我实在是跳不过去!"

教练平静地问:"你心里是怎么想的?"

布勃卡如实回答:"我只要一踏上起跳线,看清那根高悬的标杆时,心里就害怕。"

突然,教练一声断喝:"布勃卡!你现在要做的就是闭上眼睛,先把自己的心从标杆上'摔'过去!"

教练的厉声训斥,让布勃卡如梦初醒。

他遵从教练的吩咐,重新撑杆又跳了一次。这一次,他果然顺利地跃身而过。于是,一项新的世界纪录又刷新了,他再一次超越了自我。

教练欣慰地笑了,语重心长地对布勃卡说:"记住吧,先将你的心从杆上'摔'过去,你的身体就一定会跟着一跃而过。"

我们也只有像布勃卡一样,先让自己的心实现超越,从心底就坚信自己能够做得更好,自己能够获得成功,我们才能让自己拥有勇往直前的勇气,让自己唤起潜藏在内心的拼搏精神,让自己能够最终在现实中实现自我超越。

(2)把成功看作是自己新的起点。

有些时候我们之所以没能坚持勇往直前、超越自我的精神,往往是因为我们沉迷于自己的成功,渐渐满足于现状,在这种满足中将自己的拼搏精神和勇往直前的勇气消磨殆尽。对于员工来说,只有做到永不满足于现状,把已经获得的成功看作自己新的起点去继续努力拼搏,继续勇往直前,才能够在不断的自我超越中让自己越来越优秀。

第九章　弘扬拼搏文化，永不懈怠成就卓越的自己

一位武学高手在一场典礼中跪在武学宗师的面前，正准备接受来之不易的黑带，经过多年的严格训练，他的武功不断精进，终于可以在这门武学里出人头地了。

"在颁给你黑带之前，你必须再通过一个考验。"武学宗师说。

"我准备好了。"徒弟答道，心中以为可能是最后一回合的拳术考试。

"你必须回答最基本的问题：黑带的真义是什么？"

"是我学武历程的结束，"徒弟不假思索地回答，"是我辛苦练功应该得到的奖励。"

武学宗师等了一会儿，他显然不满意徒弟的回答。最后他开口了："你还没有到拿到黑带的资格，一年后再来。"

一年后，徒弟再度跪在武学宗师面前。

"黑带的真义是什么？"宗师问。

"是本门武学中杰出和最高成就的象征。"徒弟说。

武学宗师过了好几分钟都没有说话，显然他并不满意。最后他说道："你还没有到拿到黑带的资格，一年后再来。"

一年后，徒弟又跪在武学宗师面前。

"黑带的真义是什么？"

"黑带代表开始，代表无休止的奋斗和追求更高标准历程的起点。"

"好，你已经准备就绪，可以接受黑带和开始奋斗了。"武学宗师欣慰地答道。

作为一名员工，我们只有把自己的成功当作是工作中新的起点而非终点，我们才能够说自己已经准备就绪去踏上成功的道路。倘若我们总是在成绩面前自我满足，那么我们甚至连走上成功征途的资格都没有，因为我们失去了让自己不断提升的机会。在优秀员工的字典里没有最好，只有更好。我们只有

"踩"在自己的成功之上努力去追求更卓越的工作成绩，才能够激发自己的潜能，才能够永远保持拼搏精神，才能够在一次次成功之后继续自己的蜕变，最终化茧成蝶。

（3）要有一个明确的长远目标。

每个人都有其独特的价值，但不一定每个人都明白如何让自己更有价值。超越自己，不能满足于只做好眼前的工作，而是要找出自己在同行业中的差距，要给自己定个长远的目标。然后我们要把目标分配到每一天去努力实现。当每天下班时，我们要想想一天做了多少，向目标接近了多少，收获了多少。只有设定一个长远甚至是对于现在的我们有些"遥不可及"的目标，才能够发现自己的不足，才能够不断在追求卓越的道路上催促自己、监督自己，让自己不断去超越那个昨天的自己。

（4）通过"正确的比较"实现自我超越。

我们都知道，只有通过与他人的比较才能够发现自身的不足，才能够想方设法去超越自己。但是，只有"正确的比较"才能够激发我们的拼搏精神，激发我们不断超越自我的意愿。而如果我们比较的方式选择得不正确，往往会让我们失去自信，停下超越自我的脚步。

和最优秀的人去比较，这是我们经常会犯的错误。因为每个人，不管你如何优秀、如何努力，总会在某些方面被别人比下去。我们如果总是和最优秀的人比较，长此以往，就会形成"自己笨，不如人"的认识，超越自我的动力也就没有了。同时，也不要总是和比自己差的人进行比较，觉得自己是比上不足、比下绰绰有余。这样一比，我们就总会觉得自己已经很不错了，所以也就没有必要继续努力了。

正确的比较对象应该是我们"跳一跳"就够得着的目标，也就是比自己稍微优秀一点的对象。每个人都渴望获得别人的尊重和认同，比起那些高不可攀的目标，那些"跳跳就够得着"的东西，更能够激发我们的斗志，更能够在实现目标中体验成就感。就如我们让最后一名去超越第一名，他估计会直接放弃，可

第九章 弘扬拼搏文化，永不懈怠成就卓越的自己

是我们让他去超越倒数第二名，那么他就会有信心去比拼一下，等下一次，他就会想要超越倒数第三、第四名。这就是所谓的"登门槛效应"，即先对自己提出较低的要求，待自己做到了就对自己予以肯定，然后逐渐提高要求，从而乐于无休止地奋发向上，超越自我。

在工作中，我们每天都应该以超越自我为目标，以勇往直前的精神让这种超越更大一点，更快一点，更精彩一点。超越自我的道路永远没有尽头，但只有不断地超越，我们的人生才能更加辉煌，我们的成功也才指日可待。